部屋は変わる

A Room Can Change

小さくても、賃貸でも、
ホテルライクな心地よい暮らし

sora 著

KADOKAWA

soraのルームツアー

soraとは何者？ 自分について語る前に、僕の部屋を大公開します！
ごく普通のマンションの一室を、少しずつDIYしてホテルライクな内装に。
見た目だけでなく、使い勝手にもこだわって日々部屋を進化させています。

ベッドルーム

Bedroom

7.8畳の部屋をゆるく区切って片側は寝室スペースにしています。
自分でデザインしたオリジナル商品の背の低いベッドを置いて部屋が広く見えるようにしています。

カーテン代わりに設置した障子風パーテーション。ジャパンディ（和と北欧のデザインを組み合わせたスタイル）なデザインが気に入っています。

生活感の出やすいティッシュは、ベッドと色味の合う木製のケースで自然にカバー。

Before

フローリングの床は天然石を思わせるフロアタイルに、壁もモルタル風の壁紙に変更。グレーを基調とすることでホテルライクに。

ベッドの右横にある戸棚は使いにくかったので、棚板を外して突っ張り棒をセットし、クローゼット風に（P108）。

リビングルーム

Living ro

ワンルームのもう半分はリビングスペースに。

ホテルみたいな薄い壁掛けテレビを実現するために合板で〝フェイクの壁〟を作りました。

ごちゃごちゃするケーブルは壁とデザインを揃えたオリジナルのボックスに収納（P132）。

よくあるフローリング×白い壁の一室がガラッと一変。家具や小物も床や壁と色味を揃えることで調和の取れた印象に。

コンクリート風のディスプレイブロックは僕のオリジナル商品。お気に入りの照明やディフューザーなどを飾っています。

リビングの床（写真下部）はフロアタイル、キッチン（写真上部）はクッションフロアと素材が違いますが、色が揃っているので統一感が。

部屋を広く使いたいのでテーブルは常設せず、食事の際などはオリジナル商品のサイドテーブルを活用。

コンセントが目につく場所は、間接照明などを置いてさりげなく隠しています。

キッチン

立派なキッチンですが、家で料理はほぼしていません！
だからこそ「台所」のイメージにとらわれず、自分のライフスタイルに合った使い方をしています。

Kitchen

左には洗濯機や冷蔵庫などの家電を設置。色味を黒で統一しました。調理器具や食器がほとんどないのでシンク下の収納はゴミ入れに。

引越してすぐに床を樹脂素材のクッションフロア（左写真）に変更。耐水性・耐久性が高いので床の保護にもなります。掃除がしやすいのも◎。

洗濯機の上の空きスペースに収納棚を設置（P110）。DIYなら空間を無駄なく使えます。

使っていないコンロにカバーを設置してコスメ置き場に。壁に鏡もつけて身支度コーナーにしています。

ものは収納に収まる分だけ

棚など収納用の家具を置くと部屋が狭くなるので、ものは備え付け収納に入る分だけに厳選。ただ、空き場所にボックスを入れるなど（P108）、デッドスペースを活用しています。

トイレ・洗面所

Lavatory

トイレや洗面所だって、ホテルみたいにできるんです！

壁や床を変えるだけでなく、タンクを隠すカバーも自作。生活感のないタンクレス風トイレが誕生しました。

グレーの壁紙に木のスティックをあしらってアクセントに。棚板の下にはテープライトを貼って間接照明にしました(P134)。

白を基調としたよくあるトイレと洗面所。雰囲気を変えるとともに不要な手すりは外し、壁にフレグランスを置く棚をつけることに。

棚板には天然木でできたシールを貼り付け。手間はかかりますが、雰囲気は格段にアップ。

トイレ上と洗面所下の備え付け収納に壁と同じシールを貼って空間のトーンを揃えました。

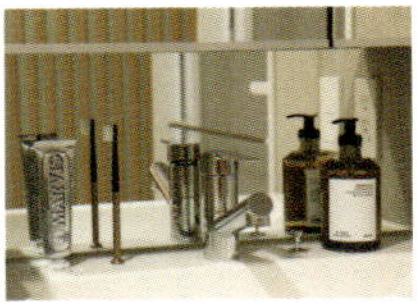

部屋の雰囲気を壊さないように歯磨き粉や歯ブラシ、ハンドソープもホテルライクなデザインのものを選んでいます。

シャンプーやコンディショナーなどもハンドソープと同じブランドにして統一感を出しています。

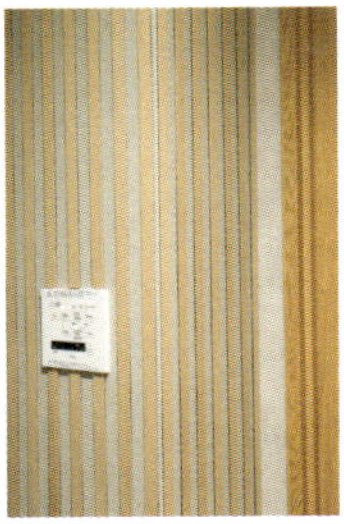

洗面所サイドの壁にはジャパンディを意識して、木のテープを貼ってみました。

ナイトルーム

Night room

日当たりがよく、昼間は光が差し込む明るい室内ですが、夜になると一気に雰囲気がホテルライクに。間接照明をあちこちに配して夜の時間を楽しんでいます。

オリジナルベッドを作る際にこだわったのが照明。ベッドサイドにはスポットライトを、ヘッドボードにはテープライトを設置。

ベッドのサイドフレームの下にもテープライトを貼って、さりげなく光るように演出。

ホテルと一般の家の大きな違いは、照明。老舗提灯屋・小嶋商店の和紙のペンダントライトやベッドまわりの間接照明が落ち着いた空間を演出しています。

リビングに照明器具を点在させることで陰影が生まれ、奥行きのある空間に。

ディスプレイスペースも、スポットライトで照らすとドラマチック。4つのブロックは分離できるので、組み合わせ方は自由自在。

マイケル・アナスタシアデスがデザインした「IC Lights」は、店舗やホテルのラウンジなどにも採用されている名品ライト。

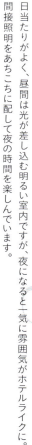

ベッドルームとリビングにしているワンルームを横から見た図。
こうして見ると実はコンパクトな部屋だと気づくはず。

DATA

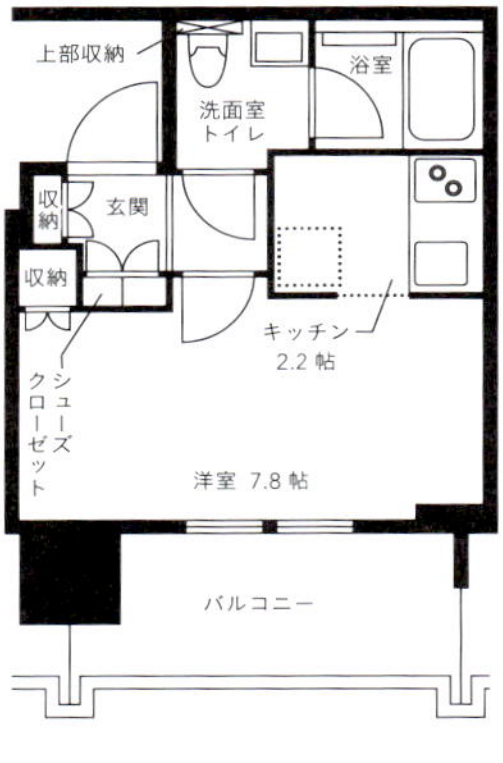

間取り

1K(バストイレ別、バルコニー付き)

占有面積

25.13㎡

DIYという形でアイディアを実現することで、部屋が自分好みの空間に変わっていく過程を楽しんでいます。本書のChapter3でDIYのやり方も紹介しているので、ぜひご参照ください。

はじめに

はじめまして。ｓｏｒａと申します。
インスタグラムを中心に、ワンルームのインテリアやホテルライクな部屋にするための
ＤＩＹのアイディアなどを発信しつつ、フレグランスブランドの代表を務め、家具のデザインを手がけている……などと自己紹介すると、インテリアの専門家のように思われるかもしれませんが、ほんの１年半前までは医療従事者として働いていました。

どこにでもいる、賃貸マンションに住む一人暮らし男性だった僕が、「部屋」と向き合うようになったのは、５年前のこと。コロナ禍で外出できずストレスがたまる日々が続き、せめて自分が住む部屋の居心地を変えられないかと思ったことがきっかけでした。
そこから独学でインテリアを学び、ＤＩＹという方法を知り、試行錯誤しながら自分の部屋を大好きなホテル風のインテリアに変えました。

「賃貸暮らしでもここまで変えられる、理想の部屋に住める！」

その感動を伝えたくて始めたインスタグラムで、僕の部屋の変化をビフォーアフター形式のリール動画にまとめて発信したところ、急速にバズり、１０００万回も再生される人気動画になりました。

その背景を考えると、誰しも素敵な部屋に住みたいという思いはあっても、これまでは「賃貸だから」「お金がかかるから」とあきらめてきたのではないでしょうか。だからこそ僕の動画を見て、「こんなことができるんだ！」と驚かれたのではないかと思います。

ＤＩＹというと日曜大工で棚などを作る印象があるかもしれませんが、僕は利便性よりも、おしゃれな空間や、自分の理想の住まい作りを追求する手段として提案できたらと思い、この本を書きました。

「部屋を変えたいけど、どうしていいかわからない」という方に向け、必要最低限のインテリアの知識や部屋作りの考え方、僕が大好きな「ジャパンディ」というインテリアテイスト、今まで自分の部屋で実践してきたＤＩＹのアイディアなどをご紹介しています。

そして、僕のここに至るまでの歩みを通して、理想の部屋に住むことで自分の人生も大きく変わる、ということをお伝えできたら幸いです。

Contents

Chapter 1

僕の【部屋】ができるまで

Chapter 2
シンプルで居心地がいい、センス不要の部屋作り

Chapter 3
小さくても、賃貸でも
―理想をかなえるDIY―

Staff

デザイン／マツヤマチヒロ（AKICHI）
カバー写真／花田梢
本文写真／花田梢、吉澤広哉、sora、片岡龍太郎
写真提供／東京エディション虎ノ門、ONSEN RYOKAN 由縁 札幌、
会津東山温泉 鶴我 東山総本山、SOKI ATAMI、
KUMU 金沢 by THE SHARE HOTELS、nol kyoto sanjo
DTP／キャップス
校正／文字工房燦光

編集協力／野田りえ
協力／株式会社エイスリー、DCM DIY place

Chapter 1

僕の【部屋】ができるまで

ただ帰って眠るだけ。

そんな場所だった僕の部屋が大きく変わったきっかけは

コロナ禍で外出できなくなったことでした。

せっかく部屋にいるのなら、自分好みの居心地のよい空間にしよう。

大好きなあのホテルみたいな部屋にしてみよう。

その思いつきが、僕の生活をわくわくするものに変え、

さらには、僕の人生そのものも大きく変えることになったのです。

すべては、僕の部屋から始まった物語でした。

かつての僕部屋も人生も混沌としていた、

今でこそホテルライクな部屋に住むインフルエンサーとして活動していて、フォロワーさんから「どうしたらそんなにすっきりした部屋に暮らせるんですか？」などと質問されたりする僕ですが、10年前くらいまではごちゃごちゃとしたものだらけの部屋で暮らしていました。

家族はみんな、僕以外は典型的な「ものを捨てられない」タイプ。「もったいない」からと、ショップの紙袋など捨てたらいいものまでもれなく取ってあり、椅子や机の上まで何かが隙間なく置いてある。もちろん、インテリアという概念もない。

そんな実家で18歳まで過ごしました。でも、うちが特別だったわけでもなく、家とはそういうものだと疑問にも思っていませんでした。

進学を機に1LDKの部屋で姉との二人暮らしを始めましたが、姉もやっぱりものが多く、部屋は服やカバンなどであふれていました。

僕の自室として5畳くらいの部屋を割り当ててもらったけれど、その半分くらいは姉の私物が占拠していて、その隙間で過ごしているような状況。自分の部屋という感覚もありませんでした。

僕自身は家族と比べるとものが少なく、服もルーティン化していたから最小限。さらにきれい好きだから、部屋がごちゃごちゃしていると掃除するのも大変だしメリットが少ないな、なんだかくつろげないな、と疑問を感じ始めてはいました。

ただ、当時は医療系の学校に通っていて、ひたすら勉強やバイトに明け暮れる毎日で、自分の人生のスタートラインにすら立っていませんでした。趣味に費やすお金も時間もなく、部屋はただ「寝る場所」でしかなかったのです。今思えば、部屋についても人生についても、自分の主体性というものがほとんどない状態でした。

一人暮らしスタート。自分探しの日々

医療系の学校を卒業し、総合病院に就職したタイミングで、ついに一人暮らしを始めました。

ただ、その頃は「こんな部屋に住みたいなあ」くらいの漠然としたイメージはあったものの知識もなく、好きで集めていたスニーカーを飾る趣味の部屋、という感じでした。

当時は人生で一番壁にぶつかっていた時期で、正直部屋どころではなかったのです。

新卒で勤め始めた病院はいわゆるブラックな職場で毎日が激務。いくら働いても終わらない仕事にも、厳しい人間関係にも疲れ果て、半年で病んでしまった僕は転職を決意しました。

結果として実を結ばなかったけれど、このとき発信活動をしていたことや、カメラでの撮影に慣れていたことは現在に活かされているので、何かしら意味はあったのかな、と思っています。

次の職場となった高齢者施設は幸いなことに残業のないホワイトな職場で、やっと余暇の時間が生まれました。ただ、ひとつ問題だったのは、給料が低かったことでした。

そこで初めて自分の人生に対し疑問が湧いてきました。親に勧められるままに医療系の国家資格を取って就職して、実際に働いてみて楽しいこともあったけれど、これは死ぬまでやりたいことなのだろうか？

ずっとモヤモヤしていたし、常にお金の不安がつきまとっていました。

副業でお金を稼げないかと思った僕は、ＳＮＳでの発信を始めることにしました。最初は自分の趣味だったダイエットをテーマにしたブログ。独身男性の一人暮らしをテーマにしたＶｌｏｇを始めて、彼女を作ろうと頑張っている姿を流したりもしていました。

旅行にハマったり、ちょっといいカメラを買って東京の夜景を撮りに行ったり。この頃はとにかくいろいろなことにチャレンジしながら自分探しをしている時期でした。

「ジャパンディ」との運命的な出会い

仕事に対する不安を抱えながら、発信活動や趣味に没頭していた僕は、20代後半になっていました。趣味のひとつである旅行をしようとホテル探しをしている際に、ある高級ホテルの内装が目に留まりました。

自然を感じさせるカラーリングに、木などの天然素材を使ったインテリア。余白の多いレイアウト。すっきりとしたモダンなデザインでありながら、どこかに和も感じさせる雰囲気。

ハマるととことん調べ尽くすタイプの僕は、それが「ジャパンディ」というインテリアのテイストだと知りました。

ジャパンディとは、和風（Japanese）と北欧風（Scandinavian）を融合させたインテリアスタイルを表す造語で、和風と北欧風の割合は「3：7」程

まだインテリア業界の人以外には「ジャパンディ」は知られていないようで、今も僕のインスタグラムには「ｓｏｒａさんが発信する部屋の雰囲気が好きだけど、なんという言葉なのかわかりませんでした」という声が寄せられます。

度、という定義があります。

僕は田舎育ちで祖父の家がお寺だったこともあり、和室には馴染みがありました。機能的な現代風のデザインが好きだけれど、オレンジ×ブルーのような派手な配色やポップなデザインの部屋はソワソワして落ち着かない。そんな僕にとって、ジャパンディはまさに理想のテイストでした。

ただ、当時まだこの言葉は一般的ではなかったので情報も少なく、ホテルサイトを検索して一軒一軒の内装をチェックしながら、ジャパンディテイストの部屋を探す、という地道な方法しかありませんでした。

そして実際にそのホテルを訪れてインテリアの雰囲気を体感する、ということを繰り返していました。宿泊料が高い場合はラウンジやバーを利用し、時にはスタッフの方に質問してデザインのこだわりを聞いたり、部屋を見せてもらったりすることも。

その頃はただ楽しくてやっていただけで、それが自分の部屋や、さらには仕事にまで関わってくるなんて、想像もしていませんでした。

「そうだ、部屋を変えよう！」転機となったコロナ期間

２０１９年12月に第１例目の感染者が報告されて以来、瞬く間に世界的にまん延した新型コロナウイルス感染症は、僕の生活にも深刻な影響を及ぼしていました。

医療従事者だったこともあり、不要の外出は控えて職場と家を往復する毎日。趣味だった旅行もホテル訪問もできず、まったく気分転換ができなくなったのです。

そうした日々が長期化しストレスがたまっていく中で、急に頭の中にひらめきが訪れました。

「ホテルに行けないなら、自分の部屋をホテルにすればいいじゃないか」

そして理想の部屋として思い浮かんだのが、今まで泊まってきたジャパ

ンディテイストのホテルでした。

しかし、当時住んでいたのは、白い壁にフローリングの床のよくあるタイプの賃貸マンションで、ジャパンディテイストとはあまりに隔たりがありました。どこから手をつけたらいいのだろうか？　大幅に改装してしまったら、退去する際に入居時の状態に戻せるのだろうか？

調べてみると、今は賃貸の部屋でも傷などをほとんどつけずに内装を変えられるＤＩＹの方法がたくさんあり、自分一人でもできそう、ということがわかりました。何よりコロナ禍の時期には自宅で作業が完結できるというのも魅力でした。

幸い時間は有り余っていたので、それからはスマホでいろいろな部屋作りの実例を見たり、インテリアの基本を調べたりしながら、さまざまなインテリアテイストの特徴や、色の効果などを独学で学びました。

そして改めて部屋のテイストをジャパンディと決め、それに基づいて配色を決め、具体的に何をしたらいいのか計画を立て……その次に取り組んだのが、ものの処分でした。

「ホテルライク」というコンセプト

僕にとってジャパンディとともにインテリアの大きな指針となったのは、「ホテルライク」というテーマでした。

これまで泊まったホテルの中で居心地のよかった部屋を思い起こしてみると、次のような共通点があることに気づきました。

✦部屋に余白が多く、余計なものが置いていない
✦テイストや色味に統一感がある（カラフルであっても計算されている）
✦背の低い家具が多い
✦ティッシュのように生活感のあるものは他のインテリアと似たデザインのカバーで覆ってある

この段階でものと向き合ったことで、無駄な買い物をすることもなくなりました。衝動買いはせず、自分の部屋に置いたらどうなるか想像するようになったし、新しいものを買う前に何かを処分してものを増やさないという自分ルールもできました。

一言で言えば「すっきり」している。こういう特徴のあるホテルは、たとえ狭かったとしても居心地がよく感じたのです。

それと比べて、僕の部屋はどうだろう？　ものは少ない方でしたが、棚はこげ茶でベッドは銀色のステンレス、ラグは派手なグリーン……といった具合に、インテリアの色味や素材がバラバラでした。どれも単体で見たときは気に入って購入したものですが、部屋に集めてみるとミスマッチを起こしていたのです。

僕はひとつひとつのものについてジャパンディか、ホテルライクかという基準で検討して、そこから外れるものは潔く処分することにしました。

コレクションしていたスニーカーも「スニーカーを並べて飾っているホテルってあるだろうか？」と思うことで、手放す決意ができました。

20足のスニーカーも、スニーカーを飾っていた棚も人に譲り、ぽっかり空いた空間にあえて何も置かずにいたら、むしろ何もない方が心地よいことに気づきました。それは大きな発見でした。

「ないものは作ればいい！」DIYに目覚める

僕が最初にやったDIYは、床にクッションフロアを貼ることでした。コロナ期間で店に行けなかったから、ネットショップでサンプルを多めに取り寄せたり、原状回復できるか不安だったから、小さく切ったクッションフロアを部屋の目立たない部分に貼ってみたりと、試行錯誤の連続。

そうして迎えたDIY当日。慣れないことだらけでクッションフロアを裁断するのも一苦労でした。どうにか床に貼り始めたものの、ぴったり角に合わせるのが難しく、結局、12時間くらいかかりました。

そして室内を見渡してみると、床が違うだけで、平凡なマンションが一気に洗練された空間になっていて、衝撃を受けました。それは「どんどんやってみよう」とスイッチが入った瞬間でもありました。

その後、壁紙を貼ったり、洗面所やキッチンにリメイクシートを貼った

DIYで作った木の格子

木の柱をはめるだけなのですが、釘を使わない分mm単位の調整が必要で、何度もやり直しました。
このDIYのやり方はP130でご紹介しています。

りと着々とＤＩＹを重ね、新しい室内に合わせて家具を選び……そのうちに部屋全体がみるみる変わっていきました。

そんなある日、部屋に備え付けてあったアクリルパネルのついた間仕切り壁を見ていたら、ここに木の格子をはめたら、もっとジャパンディテイストに近づくんじゃないか、とひらめきました。

そこからは、イメージを形にするべく、仕事から帰って晩酌しながらＤＩＹをする日々。まったくの素人なのに釘を打たない宮大工の手法にチャレンジして大苦戦しましたが、１か月かけて完成した格子を見たら、気合いとアイディアさえあればなんでもできるのだと、妙な自信が湧いてきました。

発信によって、インテリアセンスが磨かれる

僕がインスタグラムを始めたのは、２０２１年の2月のこと。前述のとおり、それまでもブログやＶｌｏｇなどをやっていましたが、それらはやめて、ハマり始めていた部屋作りをテーマに発信することにしました。独学でインテリアを学んだり、部屋作りに試行錯誤したりしているうちに、自分と同じように悩んでいる人がいるのではないかな、自分の調べたことや工夫していることが役に立つのではないかな、と思ったのです。

最初はフォロワーも少なかったものの、毎日投稿を続けていたらじわじわとコメントが増えてきました。そして1年後にそれまで小出しにしていたＤＩＹをまとめて部屋のビフォーアフターを見せたら、その投稿がバズり、フォロワーが一気に数万人増えました。

soraの記念すべき初投稿

初期の投稿はまだインテリアのテイストも統一できていませんが、インスタを追うことで、ここからどんどん進化する様子が見られます。

「賃貸でもＤＩＹで理想の部屋を作れる」というのを実現していくのが楽しくて、その過程を発信していただけですが、それがこんなにも需要があるのだと驚きました。

反響が来れば当然やりがいも出てくるもの。ＤＭにお悩み相談や質問が来れば、それに答えられるようになりたいと思うし、寄せられる「いいね！」やコメントは、部屋をよりおしゃれにしたい、進化させたい、そしてみなさんをわくわくさせたいという活力になりました。

よく、お客さんを家に呼ぶと部屋がきれいになると言いますが、僕の部屋の場合は、インスタグラムでたくさんの人の目に触れることで、磨かれていったように思います。

部屋が整ったら、心も生活も整った

部屋を片付けて整えると、ものが多くて迷ったり、汚くてイライラしたりしないので、副交感神経が高まり、自律神経が整う効果があるという説もあります。

こうして部屋のＤＩＹを進めていく中で、僕の心境にも変化が訪れました。引越したわけでもないのに、家がお気に入りの空間になるだけで帰るのが楽しみになったのです。それまでの部屋が「生きるための場所」だとしたら、ＤＩＹ後の部屋は、言うなれば「幸せの空間」。

僕はもともと一人で晩酌しながらテレビで野球中継を見るのが趣味でしたが、同じことをしていても、テレビを壁掛けにして照明を間接照明に変えたことで、くつろぎ感がまったく違うのです。リラックスして自律神経が整ったのか、寝つきまでよくなりました。

以前、多忙でストレスの多い職場に勤めていた頃は部屋も荒れていて、それがまた心に負担を与えるという悪循環に陥っていました。それを逆に考えれば、部屋＝環境を積極的に整えることで、自分の精神状態を整えることにつながっていたのかもしれません。

そして部屋が変わり、心が変わると、その変化の波は僕の行動や価値観にまで及びました。きれいな部屋を保ちたいから、前にも増して部屋の掃除をするようになり、ていねいに暮らすようになっていきました。

さらにものに対する考え方も変わりました。せっかく部屋を変えたなら、置くものも吟味しようと思うようになったのです。

以前はパッと見がおしゃれならいいやと、気軽にチープな照明器具などを買っていましたが、壊れやすい上に愛着も持てませんでした。

結局、いくつも安物を買うよりも、頑張って働いたお金でひとつ本物を買う方が、満足感があることに気づいたのです。高いものにはやはり理由があり、手触りや輝きなどの質感が違います。さらに丈夫で、故障しても修理対応などのアフターサービスがしっかりしている。

無駄な出費をやめて、高品質のものを厳選する習慣が身についたことで、暮らし全体の質も上がってきたように思います。

部屋を変えたら見つかった「自分の軸」

部屋が変わったことで僕に訪れたもうひとつの大きな変化は、自分のやりたいことや好きなものがどんどん明確になった、ということでした。

以前の僕は将来やお金に対する不安を抱えながらも何をしたらいいのかわからず、手当たり次第に新しいことにチャレンジしていました。

でもＤＩＹに出会い、ただ楽しくてその過程を発信しているうちに、応援してくれる人まで現れた。それは僕にとって大きな自信になりました。

それまでＤＩＹなんてやったこともないし、専門的にインテリアの勉強をしたわけでもない。それでも好きだな、極めたいな、という思いがあるなら、自分の特技として、どんどん突き詰めていけばいいのではないか。あれこれ悩んでいた日々が嘘のように迷いがなくなりました。

間接照明の光に包まれた至福の夜時間

当時住んでいた部屋のリビング。暖色系の間接照明を複数設置し、リラックス空間を演出。
冷えたジョッキにビールを注いで飲むのが、昔も今も変わらない夜の日課です。

そして、部屋とともに自分の生き方も、どんどんシンプルに、クリアになっていきました。

僕はもともと群れることが好きではなく、友達と遊ぶとか恋愛するよりも、趣味や発信に打ち込んで20代を過ごしてきました。付き合いでおしゃれな店で飲むよりも、部屋でキンキンに冷えたビールを一人で飲む方が楽しい。

自分好みの部屋に住むことで、そんな自分でもいいと心から思えるようになったのです。

料理に興味がない僕は、キッチンまわりにはほとんど手をかけないけれど、くつろいだ気分でビールをおいしく飲む環境はしっかり整えています。そんなふうに自分のやりたいことや、好きなことに沿って部屋を作れるのもまた、DIYのメリットだと思っています。

新しくなった部屋から生まれた、新しい夢

もともとはあくまでも趣味だったインテリアですが、インスタグラムで発信を続けているうちに、仕事の依頼が来るようになりました。今やジャパンディもホテルライクもインテリアの人気テーマですが、その頃はまだあまり知られていませんでした。もしかしたら僕の経験や情報にも価値があるかもしれない。そう思って勇気を出してチャレンジしてみることにしました。

まず挑戦したのは、フレグランスブランド「Ｃｏｅ.」[1]の立ち上げ。もともと匂いフェチで、ホテルに行く機会が増えてインテリアと香りの関係に注目していた僕にとって、願ってもないチャンスでした。

香りを監修してディフューザーやルームスプレーなどのアイテムをリ

1 Coe.
「薫りから創造する美空間。」がコンセプト。香りは国内でひとつひとつていねいに調香され、すべてハンドメイドで仕上げている。２０２５年１月には、世界最大級のインテリア・デザインの見本市「メゾン・エ・オブジェ・パリ」への出展も果たす。

2 UNBUILT HOTEL
仮想ホテルをSNS上で発信し、ホテルライクなライフスタイルを提案するブランド。プロダクト第一弾として制作したベッドは受注生産で、サイズも自分の部屋に合わせてオーダーが可能。

リース。ポップアップストアを開催すると、2日間で300人ものお客さんが来てくれて驚きました。

さらに、「実際には存在していないホテル」をテーマにした家具ブランド「UNBUILT HOTEL」[2]も立ち上げ、1年かけてジャパンディテイストのベッドを開発しました。

そんなふうに次々と新しい仕事を始めるに当たり決断したのが、それまで勤めていた高齢者施設を辞めて、インテリアの仕事に専念するということでした。そして東京への転居も決めました。

8年間続けた仕事を辞めて、コツコツと作ってきた部屋も引き払う。それは決して簡単な決断ではありませんでしたが、実際にポップアップストアでお客さんと交流して感じた手応えが、背中を押してくれました。

DIYで追い求めた理想の住まいが、いつしか僕の部屋から飛び出して、たくさんの人の住まいや暮らしを変えるきっかけになるかもしれない。それは僕が試行錯誤の10年の末に見つけた、大きな夢でした。

Chapter 2

シンプルで居心地がいい、センス不要の部屋作り

「インテリアにこだわる」、というと
専門的な知識や高度なセンスが必要だと思われがちです。
でも、自分がいいなと思える心満たされる部屋にするのなら
ごくわずかなルールと、初歩的な知識、
何よりもその部屋に住む「自分自身」を知っていれば十分。
「自分が居心地がよいと思う場所はどこ?」
「心からリラックスできる色はどんな色?」…etc.
まずは、自分と向き合うことから始めてみましょう。

どうやったら
センスがいい部屋になる？

「どうしたらsoraさんみたいな部屋にできますか？」

「センスがいい部屋で憧れます」

SNSのコメントなどで、時々そういう言葉をかけていただきます。では、そもそも「センスのいい部屋」ってなんでしょう？

僕は、それは住んでいる人の個性やテイストがカチッと決まっている部屋だと思っています。

インスタグラムなどを眺めていると、実に多様な部屋の画像があふれています。天然木の家具で揃え、グリーンをふんだんに置いているナチュラルな部屋。コンクリートやアイアンなど無機質な素材で揃えた無骨な部屋。

1 ピンタレスト
ネット上の画像や動画をコレクションとして保存したり、シェアしたりできるSNS。海外の部屋の画像なども探しやすいので、インテリアの資料集めに便利。

お気に入りのカラフルな雑貨に囲まれたポップな部屋…etc.

たとえ僕の趣味とは違っていても、そこに住む人の個性や「こんな部屋にしたい！」という軸のようなものを感じ取れたら、それは「センスのいい部屋」だと思うのです。

最初は真似から入るのが近道なので、SNSやピンタレスト[1]を見て、もし趣味が近いと感じる部屋が見つかったらお手本にしてみるのはいいと思います。でも、なんとなくおしゃれそうだからという動機で同じ家具などを揃えても、住んでいくうちに思いつきで違うテイストのものを増やしたりしてしまい、その世界観を維持するのは難しくなってくるでしょう。

どんなものを選ぶか、どんな色のインテリアにするか、そういう細部まで徹底するには「軸」が必要なのです。

大事なのは、同じテイストで統一されているかどうか。部屋作りを始める以前に、いろいろな部屋やインテリアに触れ、自分自身の好みやライフスタイルを知ることから始めましょう。

街中がインテリアの教科書

「自分自身の好みを探す」とさらっと言いましたが、これ自体が難しいという声も聞きます。

今はスマホひとつで世界中のインテリアが見られますし、あらゆる情報にもアクセスできる。でも、だからこそ選べなくて、「ちゃんと勉強しなくてはいけないのかな」などと考えてしまいがちです。

僕がおすすめしているのは、まず「好きな場所に行ってみること」です。

今でこそ、インテリアブランドを立ち上げたり、商品開発にも携わったりしている僕ですが、専門的な勉強をしてきたわけではありません。

Ｃｈａｐｔｅｒ１でお話ししたようにホテルに行ったことが、僕がインテリアにハマるきっかけになりましたが、いわばホテルが僕のインテリアの

五感とは、視覚、聴覚、嗅覚、味覚、触覚の5つの感覚。例えばホテルのラウンジに行ったら、飲み物の味（味覚）だけでなく、インテリアや食器の色、デザイン（視覚）、BGM（聴覚）、フレグランス（嗅覚）、ソファの素材のぬくもり（触覚）など、五感を通じていろいろなことを感じ取れます。

教科書だったのです。

外観や内装、調度品に至るまで美意識の高い高級ホテルは、センスに触れるのに絶好の場。泊まるのはハードルが高いなら、ラウンジを利用するだけでも。2000円程度で一流の空間に身を置けるなら安いものです。

ただ、気をつけたいのは、行ったらそれで終わりではないということ。「なぜこの空間は心地よいのだろう」という問いを持って観察することで、基調となる壁や床の配色や材質、テーブルや椅子の配置、使われている香りなど、あらゆることにその理由があることに気づくはずです。

ホテル以外でも、カフェや飲食店、センスのよいお店など、街にはヒントとなる場所があふれています。ネットでそういう場所を見つけるのもいいですが、そこで完結せずとにかく足を運ぶ。そこから学びが始まります。

そして「この場所が好みだな」と感じたら、五感をフル回転させて理由を考えてみる。その繰り返しでセンスや感度が磨かれていき、自分の好みの輪郭もくっきりしていきます。

部屋作りで失敗しない黄金の法則

みなさんがこれから引越しなどで自由に部屋を作れることになったら、まず、何から始めますか？

僕が一人暮らしを始めたときもそうだったのですが、まず多いのが「家具や家電を買うこと」でしょうか？　予算的に厳しくて大型家具は買えないという人も、カーテンや小物などは買ってしまうのではないでしょうか？

でもちょっと待ってください。何かを買うときに、部屋全体のことまでイメージできていますか？　多くの方はその準備ができていないため、家具を買いに行ってもどう選んでいいかわからず、とりあえずサイズ的に置けそうで無難なデザインのものを選んだり、逆に趣味に走りすぎた小物をたくさん購入して後で困ったりする、というパターンに陥ります。

部屋作りは大→小の順に進める

❶ 部屋のテイストを決める
↓
❷ 部屋の配色を決める（ベースカラー／メインカラー／アクセントカラー）
↓
❸ ものを減らす　ものと向き合って、いるものといらないものを見極めよう
↓
❹ 床と壁を決める　一気に買わず少しずつ揃えてもOK
↓
❺ 大型家具・家電、カーテン、照明などを購入する
↓
❻ 小物類を購入する

部屋作りにおいて最も効率がよく、最も効果的な法則は、「大枠から決めていく」ことです。

部屋のテイストを決め、基本の配色を決め、部屋の中でも面積の大きい床や壁の素材や色を決める。家具や家電、さらには小物を買うというのはその後の順番になります。

以前であれば、賃貸の部屋では床や壁は変えられないものでしたが、今は床や壁を傷つけずに雰囲気を変えられるアイテムが増え、その段階から自分で選ぶことが可能になりました。

そうやって大枠から固める方が部屋の雰囲気が断然変わりますし、家具や家電、小物を買う際も、部屋に置いた様子をイメージしやすくなり、失敗が少なくなります。

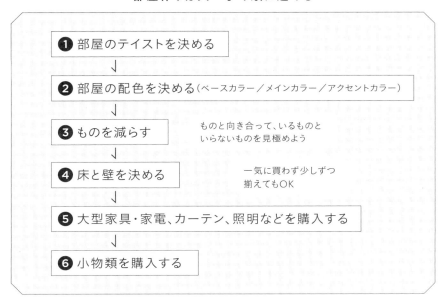

「テイスト」が決まると統一感が生まれる

前項でお話ししたとおり、部屋作りで最初に決めるべきことが「テイスト」。これは、部屋のイメージや雰囲気の特徴を表す用語で、「北欧」「モダン」といった言葉を聞いたことがある人もいるのではないでしょうか？僕の部屋のテーマである「ジャパンディ」もテイストのひとつです。

テイストは主に「モダン」「ミッドセンチュリー」「レトロ」「ヴィンテージ」など年代による分類や、「北欧」「西海岸風」「ブルックリンスタイル」など国や地域による分類、「カフェ風」「インダストリアル」など雰囲気による分類があります。

このテイストは数多くあり、「ジャパンディ」「和モダン」のように複数のテイストをミックスした概念も。さらに流行の変化の激しいインテリア

インテリアテイストと特徴の例

北欧

シンプルでナチュラル。ホワイト系やベージュ、モノトーンをベースに、明るくポップな色をアクセント的に取り入れる。木製家具など天然素材のアイテムが多い

インダストリアル

無骨。黒やグレー、ブラウンが基調。コンクリートやスチール、レンガなど工業的なイメージのアイテムが多い

ジャパンディ

伝統的な和の素材と北欧の洗練されたデザインの融合。ベージュなどのアースカラーや、黒、白、グレーなどの無彩色が中心

業界では日々新しいテイストが生まれていますが、それらをすべて網羅する必要はありません。それより先に自分が好きな空間の特徴を把握することが大事です。

例えばジャパンディなら「落ち着いた色味」「天然素材」「北欧」「和」「余白の多い空間」といったように、テイストごとに、よく使われる色や素材、雰囲気などの特徴があります。さまざまなインテリアに触れる中で自分の好みがつかめてきたら、それがどんなテイストに区分されているかを調べればよいのです。

テイストが定まってきたら、次にそのテイストのインテリアをたくさん見るようにすると、自分がインテリアを選ぶ際の指針になります。

部屋の色数は3〜4色に絞る

❶ベースカラーを選ぶ

部屋のテイストが決まって、インテリアに使う色のイメージができてきたら、具体的に自分の部屋で使う色を決める段階に入りましょう。

たとえテイストのイメージに沿っていたとしても、インテリアの色数が増えれば増えるほどごちゃごちゃして、統一感を出すのは難しくなります。もちろんたくさんの色を使ったカラフルでポップな部屋も存在しますが、これをおしゃれに見せるには、かなり高度なセンスが必要になります。

といって、完全に1色に統一してしまうと、どこかメリハリや奥行きがなくのっぺりとした印象に。ホワイトインテリアのように色味を揃えるテイストでも、ホワイトとシルバーとクリア（透明）のように微妙に違う色味や素材を組み合わせることで、インテリア上級者感が出せます。

soraの部屋で見る配色の例

ベースカラー：グレー、白　メインカラー：明るめのウッドベージュ　アクセントカラー：ゴールド

僕の経験的に思うベストな色数は、3〜4色。

✦ベースカラー（床や壁など）70％
✦メインカラー（大型家具など）25％
✦アクセントカラー（小物など）5％

といった具合に色の分量に差をつけることでメリハリをつけることができます。

インテリアのテイストによって色味の違いはありますが、床や壁に使うベースカラーにおすすめなのは、個性が強すぎず、いろいろな色と合わせやすい白やグレーなどの無彩色や、木を思わせるライトベージュなど自然に近い色。

都会のごちゃごちゃしたネオン街よりも森にいる方が落ち着くのと同じ原理で、自然を思わせる色に囲まれると、副交感神経が優位に働き、心と体がリラックスします。

部屋の色数は3～4色に絞る

❷メインカラー、アクセントカラーを選ぶ

ベースカラーが決まったら、次はメインカラーを決めましょう。メインカラーはベッドやソファのような大型の家具などに使う色で、部屋の印象を決定づける重要な色です。

ベースカラーを白、メインカラーをブルーにするなど色の対比を強くすると個性が強く鮮やかな印象になりますし、ベースカラーを白、メインカラーをベージュにするなど色味にあまり変化をつけないと、調和の取れた部屋に。最初に決めたテイストに沿って選ぶと失敗なく決まります。

僕は、ベースカラーは無彩色のグレーにしましたが、ジャパンディテイストに沿って自然の色味を入れたかったので、メインカラーを明るいウッドベージュにしました。ベッドのほか、壁に天然木のシールを貼るなど室

前に住んでいた部屋にアクセントとして置いていた真っ赤なリンゴのオブジェ。すごく気に入っていたけど、ジャパンディテイストの中では存在感が強すぎました。
なお、このホテルライクなローテーブルは、サイズや色、柄などをセミオーダーできる「うっどすたいる」で、ベースカラーのグレーに合わせて作ってもらいました。

内のあちこちに木を取り入れて、ナチュラルさを演出しています。

最後に決めるのが、アクセントカラー。これは必須ではありませんが、ベースカラーとメインカラーだけだとちょっと物足りない印象になるので、変化をつけるスパイスとして小物で取り入れましょう。

ただ、スパイスを入れすぎると味のバランスが崩れるように、アクセントカラーも絞らないとインテリアがまとまりにくくなります。

僕も部屋作りを始めた当初は、多少広い部屋だったこともあり、小物ならカラフルでもいいだろうと思って、赤いリンゴのオブジェやグリーンを置いたりしました。でも、やっぱり部屋が少し散漫な印象に。より面積が狭くなった今の部屋では、きっぱりとゴールドに絞ることにしました。

さらに気を配るなら、色味だけではなく素材の質感もテイストを揃えると統一感が出ます。天然素材を多く使うジャパンディテイストの中に、ツルツルピカピカな質感のものを置くと完全に浮いてしまうので、ゴールドの中でもマットゴールドのものを選ぶようにしています。

部屋作り以前に大切なのが、ものを減らすこと

これはどのインテリアテイストでも言えることだと思いますが、ものが多いほど部屋作りは難しくなります。空間の余白がなくなり、色数が増えて統一感を出しにくくなるし、大量のものを動かしながら部屋のＤＩＹをするのは大変なことです。

だから部屋を変えたいなら、まずはものを減らすこと、そしてなるべく新しいものを増やさない習慣を身につけることをおすすめします。

そうはいっても捨てられない、買い物もやめられないという意見もわかります。僕も以前は、欲しいものを買うことが幸せだと思っていました。

でも、一度考えてみてください。ものを買うためにはその分働いて稼がなくてはいけません。ものと引き換えに自分の時間を犠牲にしているので

ものを減らすステップ

持ち物を次の3つに分ける

Ⓐ 絶対必要なもの ➜ 収納の定位置を決める

Ⓑ 不要なもの ➜ 手放す（フリマアプリで売る、譲る、捨てる）

Ⓒ 必要か不要か判断がつかないもの、思い出の品
➜ 勇気を持ってなるべく手放す

↓

それでも手放せない場合は……

- 1年など保存期間を決め、その間に使わなければ手放す
- 書類は保存義務のないものは写真を撮って原本は処分
- 本は巻数の多いコミックなどは電子書籍を利用する
- 衣類は保管サービスのあるクリーニングを利用する

す。さらにものが多いと生活空間は減り、管理が複雑になり、掃除の手間もかかります。
労働に追われ、窮屈に暮らし、いつも探し物をしている。それって豊かな生活でしょうか？

それでもものを手放す勇気が持てない人は、まずは不要なものをフリマアプリで売ってみましょう。自分が使っていないものが誰かの役に立つのはうれしい体験ですし、ちょっとしたお小遣いが入ればモチベーションも上がります。そして、ものがなくてもたいして困らないことにも気づくはずです。

最近僕は同じ色、同じ素材の服数着をずっと着まわしていますが、特に問題はありません。服選びにかかっていた時間を、今はやりたいことの実現に使っています。

部屋の雰囲気は床で決まる

「部屋を変えたいけど、どこから手をつけていいのかわからない！」

そういう方はまず、床から変えていきましょう。床は面積がとても大きい部分。その分、室内をパッと見たときの印象に大きな影響を及ぼします。

賃貸の物件だと床の素材を丸ごと変えるのは難しいですが、今はフロアタイルやクッションフロアなど、既存の床の上に貼るだけ・置くだけタイプの床材がたくさんあり、簡単に床の雰囲気を変えることができます。

近年、床はフローリングが主流ですが、同じフローリングでも木材の種類などで個性は大きく変わります。その他、無垢材、コンクリート・モルタル、タイル、畳などさまざまな素材がありますし、色味や柄も明るい茶色、濃い茶色、グレー、ベージュ、白、大理石風など多種多様。

DIYで使われる主な床材

クッションフロア、フロアシート｜初心者向け、シート状

メリット カットしやすい、ビニール製で撥水性がある、(クッションフロアは)費用が安く色柄が豊富、クッション性があるため足が疲れない

デメリット (クッションフロアは)劣化が早く傷が残りやすい、施工の際に空気が入りやすい、温度によって伸び縮みがある、(フロアシートは)デザインがやや限られる

フロアタイル｜中・上級者向け、タイル状

メリット 丈夫、デザイン性が高く高級感がある、耐久性・耐水性がある、メンテナンスしやすい、(置くだけのタイプは)再利用できる

デメリット カットが難しい、費用が高い、クッション性がないため足が疲れる、タイルに隙間があると水が入ることがある

ホテルやお店、海外の部屋なども見て「床はこんな色」という先入観を外してみると、いろいろな選択肢があることに気づくはずです。

その上で、最初に決めたテイストや配色に沿って、床材を選んでみましょう。床材は通販でも気軽に買うことができますし、多くのお店ではサンプルも用意しています。面積が大きい分、失敗すると痛いので、必ずサンプルを取り寄せて色や風合いを確認しましょう。

なお、すでに置く家具が決まっている場合は、それが映えるように床の色を決めるという方法もあります。例えば家具がナチュラルな木製なら、床は無機質なコンクリート・モルタル系に、逆に家具がグレー系なら、床は木目調のフローリングにした方がメリハリがつきます。

「壁は白」からいったん離れてみる

壁は床と同様に、部屋の中で面積が大きい部分。床と壁が決まった時点で部屋のベースができたと言っても過言ではありません。

壁の素材や色も多くの種類がありますが、実際の賃貸住宅で採用されているのは、たいてい石膏ボードに白いビニールクロスを貼った壁。確かに白い壁だとさまざまな色の家具と合わせやすいですが、ただその一方で、メリハリや奥行きが出しにくいという欠点も。

今は後からでもはがしやすい壁紙シールも多く出回っているので、気軽に貼って壁の演出を楽しんでみてほしいと思います。また、壁紙シールを貼るとその上にステッカーやシールを貼るなど、さらに装飾を施しやすくなるというメリットもあります。

壁の色は床と同様、テイストや配色に沿って決めましょう。床と壁の色

アクセントウォールの例

前の住居ではもともとの白い壁を生かしましたが、
テレビのまわりに天然石の壁紙を貼ったパネルを取り付けて、アクセントにしました。

を揃えると部屋に一体感が出て、大きな箱のような印象になり、家具や照明が主役の部屋になります。そこまで家具や照明を目立たせる意図がないなら、壁と床の色を変えると、ほどよいメリハリがつきます。

　また、変化をつけたいなら壁の一部の素材や色を変える「アクセントウォール」という手法もあります。全体が白い壁でも、一部にアクセントウォールを導入すると印象が大きく変わります。

　アクセントウォールをベースの壁と大きく変えるとコントラストが効いた印象になりますし、同じ色味で素材を変える（または同じ素材で色味を少し変える）など、さりげなく変化をつけるのもおしゃれです。

「窓にはカーテン」の常識を疑ってみる

よく「一人暮らしを始める際に揃えるべきもの」として、カーテンが挙げられているのを見かけます。標準的な賃貸物件だと窓にはカーテンレールがついているので、深く考えずにカーテンを買って、次の引越しまで替えることもない、という人がほとんどだと思います。

でも、窓もかなり面積が大きい部分。特に壁と印象がチグハグだと、ちょっと残念なことになります。

最近はカーテンレールにも取り付けられるブラインドやスクリーン、シェードなどが市販されており、賃貸でも窓まわりの装飾品の選択肢が増えています。色や柄、素材だけでなく、そもそもカーテンがベストなのか、ということも含めて、壁材と連動して検討しましょう。

窓まわりの主なアイテム

カーテン　左右に開け閉め

布製／耐久性がありメンテナンスが簡単／サイズや色柄の種類が豊富／やさしい印象

ブラインド　上下または左右に開け閉め

アルミ製や布製、木製などがある／羽根の角度を変えて調光する／スタイリッシュな印象

スクリーン　上下に開け閉め

布製／プリーツ状やハニカム状など加工した生地を使う場合も／すっきりとした印象

シェード　上下に開け閉め

布製／生地をたたみ上げる構造／すっきりとしつつ布のやわらかい雰囲気も出せる

カーテンは耐久性や遮光性に優れ、色柄の選択肢も多く、部屋のテイストと合うならばいいアイテムだと思います。ただ、僕の部屋の壁や他のインテリアとはしっくりこない気がして、しばらく窓に何もつけないまま、いいアイテムはないかと探し続けていました。

結局、前の部屋では、ハニカムブラインドをセレクトしました。生地をハニカム（蜂の巣）状に加工した製品で、断熱性は抜群。モダンですっきりしたデザインなので僕の部屋にも馴染みました。

そして今の部屋では窓に何かを取り付けることすらやめて、和紙を施したパーテーションを置くことにしました。障子風のデザインはジャパンディテイストとぴったりで、とても気に入っています。

ライフスタイルに合わせて照明を選ぶ

照明は、ベッドなどの大型家具と比べると小さいですが、使い方次第で部屋中の印象を変えられる重要なアイテムです。

多くの賃貸物件では、天井から直接光を当てて人や床、部屋を照らす「直接照明」が各部屋に取り付けられています。

備え付けの照明器具を変えてもＯＫなら（大家さんに確認を）、好みのデザインの照明器具にするだけでも部屋の雰囲気は変わりますが、さらにおすすめしたいのが、「間接照明」を取り入れることです。

間接照明とは、人や床を直接照らすのではなく、天井や壁などに向かって光を当て反射させ、空間を照らす照明のこと。直接照明と比べると暗いですが、柔らかい光は心をリラックスさせる効果があります。複数の間接

主な電球の色の種類

シーンに合わせて色を変えられる便利な電球や照明器具もある

電球色
色味　オレンジ色っぽい暖色
適した場所　リビングやベッドルームなどリラックスしたい場所

温白色
色味　落ち着いた印象の暖かい色
適した場所　リビングやダイニングなど団らんの場に幅広く使える

昼白色
色味　屋外の太陽光に近い自然な色
適した場所　キッチンやメイクルーム（外と色合いの差が少ないため）

昼光色
色味　少し青みがかったさわやかな色
適した場所　はっきりと見えるのでデスクや勉強部屋などに◎

照明を置くことで複雑な光と影が生まれ、奥行きを感じさせる部屋になります。

また、電球の色選びも重要です。電球の色には「電球色」「温白色」「昼白色」「昼光色」などの種類があります。

リビングは電球色にして、デスクなど明るくしたい場所には昼光色のデスクライトを使うなど、部屋やコーナーの用途に合う照明を使うと住み心地がアップします。

僕は、基本的に夜は家で仕事をしないので、くつろぎ感を重視。間接照明&暖かみのある電球色を選んでいます。一方、僕の実家は今も直接照明で昼光色の電球を使っているのですが、帰省すると寝つきが悪くなり……照明が精神に及ぼす影響を実感しました（笑）。

家具・家電の購入は計画的に

一人暮らしや引越しを機に、ベッドなどの大型家具の購入を計画している方もいるかもしれません。でも、ＤＩＹはものがないほど作業しやすいので、床と壁のＤＩＹに挑戦されるなら家具がない状態がベスト。部屋のテイストや床と壁（ベースカラー）が固まってからメインカラーを決め、それに沿って家具を買う方が探すのもラクなはずです。

また、いきなり家具をいくつも揃えず、最初は必要最低限にして、大きい家具→小さい家具の順に買うのがおすすめです。

僕は、今の部屋が前の部屋より狭く、それまで使っていた家具をほとんど置けなくなったので、ほぼ手ぶらで引越し。しばらくマットレスだけで過ごしていました。間に合わせで適当な家具を買うよりは、じっくり揃え

家電の色はなるべく揃える

今の家ではキッチンの片側に洗濯機、冷蔵庫、電子レンジといった家電を置いています。
色を黒とシルバーに統一したらすっきりとまとまりました。

ていく方が失敗も少ないと思います。

家具選びの際に意識したいのは部屋の「余白」です。狭い部屋に大きい家具をたくさん並べると圧迫感があるだけでなく、動きづらくなるので、数とサイズは慎重に考えたいもの。また、家具の高さも大切なポイントです。背の高い家具よりも低い家具の方が縦の余白が生まれるので開放感のある印象になります。

家具選びは部屋のレイアウトとも大きく関係してくるのでP66～P69もご参照ください。

家電についても、部屋の大きさにあったものを選ぶほか、色味をなるべく揃えるようにしましょう。生活感の出やすい家電も、色に統一感があればすっきりとして見えます。

インテリア小物は引き算の発想で

オブジェやグリーン、鏡、写真立てなど、部屋を彩る小物たち。単体で見るとおしゃれだな、と思って買っても、自分の部屋に置いてみるとなぜか冴えない……という経験はありませんか？

ポップテイストの部屋なら、小物で演出するのも楽しいかもしれませんが、基本的にはものが増えるほどごちゃごちゃした印象になります。

解決策としては、色味を統一すること。P50の配色の説明で、小物はアクセントカラー担当、というお話をしましたが、小物を買う前にアクセントカラーの方針を決めておくと、無駄な買い物を防ぐことができます。

また小物の量というのも重要なポイントです。広々とした部屋なら多少小物を置いても邪魔になりませんし、単調な空間にアクセントをつけるな

1 ドウダンツツジ

小ぶりで細やかな葉が涼しげな、ツツジ科の落葉低木。枝ものの中でも日持ちがよく、2～3日に一度水を換えれば、2、3週間～1か月程度楽しめる。

ど効果的に使うこともできます。でも、狭い部屋だとひとつひとつの小物が目立ってきます。ものが増えれば掃除など管理の手間も発生するので、思いつきで増やすと後で大変になることも。

僕も前に住んでいた部屋はわりと広かったので、ドウダンツツジ[1]の枝を飾っていたことがありました。でも、植物は水換えなどの世話が必要で、葉が落ちれば掃除も大変になる。そういうことも考えて検討しなくてはいけないのだと学びました。結局フェイクグリーンに変え、狭い今の部屋に引越しするタイミングで、それすらもやめることにしました。

掛け時計も、引越しのタイミングでやめたもののひとつ。「ホテルに掛け時計はないな」と気づいて外すことにしました。

そんなふうに一点一点の小物を見直した結果、どんどんシンプルになっていき、今、リビングに置いているアイテムはお香立てとディフューザーのみ。小物を増やす代わりにデザイン性の高い照明器具をあちこちに置いたら、大人っぽくスタイリッシュな部屋になりました。

インテリアの配置は「〜しやすさ」で考える

部屋にどの家具をどんなふうに置くか。特に区切りのない縦長長方形のワンルームだといろいろな選択肢があるので悩む人も多いと思います。

まず、前提としておきたいのは、部屋の広さによって置ける家具の数は変わってくるということです。10畳の部屋ならベッド、ソファ、テーブル、収納棚を置いても成立しますが、6畳で同じ家具を置こうとすると、配置どころか家具の隙間で生活する羽目に。6畳なら最初はベッドとテーブル程度に抑えましょう。

レイアウトのセオリーとしては、生活する上でどういうルートで動くか（生活動線）を意識して、キッチンの近くにダイニング、リビングコーナー

ベッドの置き方ひとつで空間の使い方が変わる

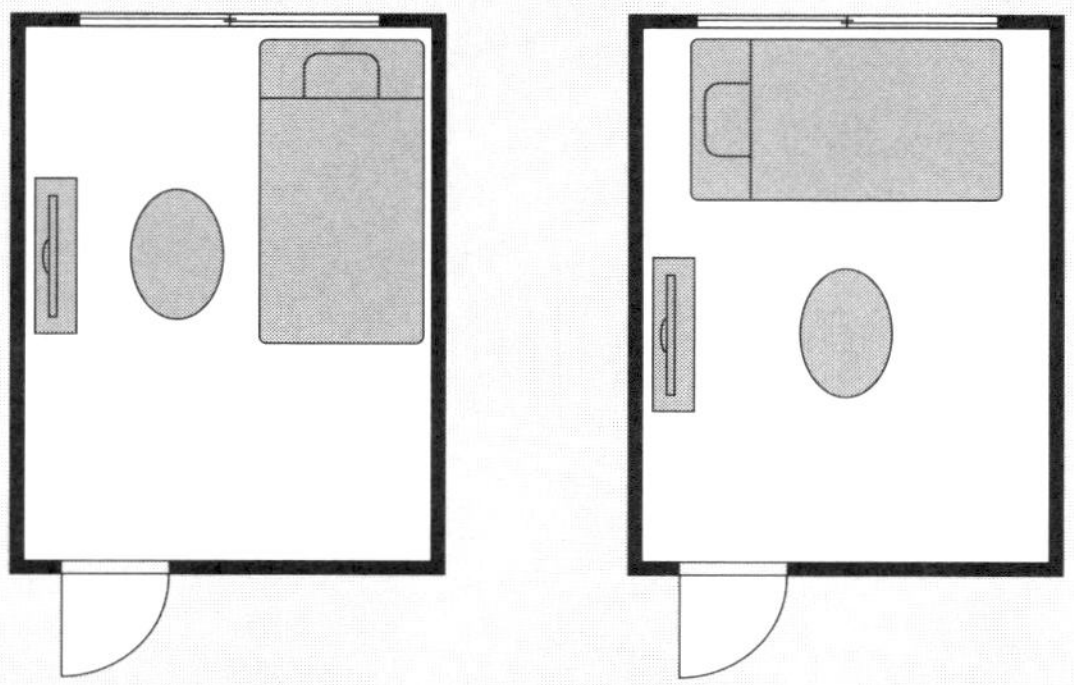

左のようにベッドを縦に置くと部屋の奥まで視線が
遮られないので、広く見える。
右のようにベッドを横に置くと手前の部分が広くなり、
リビング・ダイニングスペースをゆったり確保できる。

を設け、キッチンから遠い位置にベッドを置くのが一般的。最初に家具の中でも一番大きいベッドの位置を決めてから、他の家具についても決めていくのがスムーズです。

ただ、生活動線はその人のライフスタイルによっても変わってくる部分で、絶対的な正解はありません。外食中心の人ならダイニングコーナーを省いてもいいし、料理の写真を撮るのが趣味なら、ダイニング用のテーブルを自然光の入る窓際に設置してもいいわけです。自分の使いやすさを優先しましょう。

ちなみに僕の場合、優先したのは「DIYのしやすさ」。テレビまわりで大掛かりなDIYをする予定だったので、構造的にDIYしやすい方をリビングコーナーにしました。

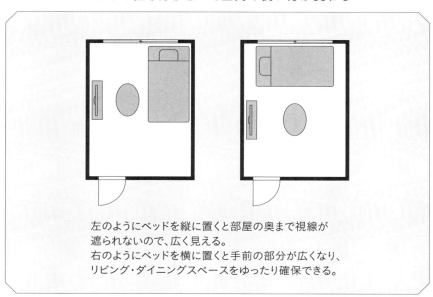

狭い部屋を広く見せるコツ

僕自身、今の部屋に引越して痛感したことですが、狭い部屋でゆったり暮らすのはとても難しい。まずは家具の取捨選択が重要なポイントになってきます。

基本的に床と壁の見えている面積が大きいほど部屋は広く見えます。

✦家具やものの数を減らす
✦コンパクトな家具を選ぶ
✦ロータイプの家具を選ぶ

という選択肢の中で、自分のこだわりや暮らしやすさとのバランスを考えながら最適解を見つけるのが部屋作りの醍醐味だとも言えます。

僕のオリジナルベッドはサイズも自由に選べる仕様だったのでコンパクトにもできたのですが、あえてホテルのようなゆったり感を優先したサイズを選んだら部屋の半分近く埋まってしまいました（笑）。

よく、狭い部屋なら下に収納がついたベッドがいいと言われるのですが、僕はあくまでもホテルライクにこだわりたかったので、機能性よりもデザイン性に全振りしてロータイプのオリジナルベッドを作りました。7・8畳の僕の部屋にそのベッドを置くと、部屋のスペースがかなり埋まってしまいました。でも、テレビはすっきり見える壁掛けにし、テーブルを置くのをやめて、食事の際はミニサイズのサイドテーブルを利用するなど、家具の数を絞ることで空間を広く見せるようにしています。

あとは視覚効果を利用して広く見せる方法もあります。インテリアの色味を揃えるのは、デザイン的に美しいだけでなく、部屋がすっきり広く見えるという意味でも有効です。

インテリアの高さも揃えた方がベターですが、難しい場合は遠近感を利用して、背の高い家具は玄関から見て奥側に、背の低い家具を手前に置くと圧迫感が出にくくなります。

家具・家電を壁側に寄せて、視線が部屋の奥まで通るようにするのも開放感を演出するテクニックです。

オーダーメイド感覚で収納を作る

以前、僕と二人暮らししていた持ち物の多い姉は、今ではもっと収納スペースの広い家に住んでいますが、それでもいつも「収納が足りない」と言っています。

一方、僕は今の部屋に引越して、収納スペースが激減しました。前の部屋は独立したクローゼットがあり、なんでもそこに詰め込んでしまえばよかったのですが、今は造り付けの狭い棚がいくつかある程度。それでもどうにかなっているのは、「しまえる分しか持たない」と決めたからなのだと思います。

よく、造り付けの収納が足りないと、新たに棚やハンガーラックなどの収納家具を買う方がいますが、それ以前にものを買いすぎないようにした

収納不足はDIYで解決

最近、玄関の上部にも突っ張り棒を取り付けて、上着などをかけるハンガーラック代わりにしています。
これも超簡単にできるDIYのアイディア。

り、定期的に不用品を処分したり、ものを増やさない工夫をしないと、収納家具ばかりが増えて、部屋のスペースもどんどん狭くなっていきます。

あと、おすすめしているのが、デッドスペースの活用です。僕も洗濯機の上の空きを生かしてＤＩＹで収納棚を作りました（Ｐ１１０）。既製品の収納家具を置く場合、空きスペースにきれいにはまらないことも多いですが、自分で作ればスペースをフル活用でき、見た目もすっきり。

造り付け収納についても、使いにくい棚は棚板を外し、突っ張り棒を取り付けてクローゼットにするなど、簡単なＤＩＹで収納力をアップさせることができます（Ｐ１０８）。

アートを飾るなら、飾り方まで気を配る

アートを採用しているホテルは多く、意識して見ると部屋の壁や廊下、ラウンジなど、随所にアートが飾られているのに気づきます。

空間に彩りを与え、感性を刺激して心を豊かにしてくれるアートは、インテリアのいいアクセントになる存在だと思います。

僕も前に住んでいた部屋では、玄関脇の壁やベッドの背後の壁に絵をかけたり、トイレに小さい絵を飾ったり、アートを楽しんでいました（今の部屋は狭いので飾るのを断念しました……）。

実際に家にアートを飾るとなると、インテリアとの調和が大切になります。特にインテリアテイストとの相性は大切なポイント。ジャパンディの場合はカラフルで大胆なものより、色数が少なく、繊細な絵柄が、サイズ

フレームもアートの一部として考える

「MOEBE」は北欧の建築家と家具職人が手がけるブランド。
透明のフレームは背景のインテリアと調和しやすく、オーク材を用いたナチュラルな木枠も◎。

も大きなものより小ぶりな方が、インテリアに自然に馴染みます。

また、絵柄と同じくらい大切なのが、飾り方です。せっかく繊細な絵を飾っても、フレームがインパクトあるデザインだと不協和音が。絵と調和するデザインを選ぶようにしましょう。ちなみに僕は「MOEBE（ムーベ）」というブランドの、背景が透明でナチュラルなデザインのフレームを使っていました。

飾る場所も重要な要素です。美術館を訪れると、何もない空間で、アートがスポットライトを浴びて飾られていたりしますが、自分の部屋で飾る場合も同様になるべく余白のある空間に飾り、照明の当て方も工夫してみると、アートを際立たせることができます。

香りもインテリアとして楽しむ

ネットなどで外国の部屋を見ていると、必ずと言っていいくらい置いてあるのが、ディフューザーやアロマキャンドルなどの香りのアイテム。海外では香りもインテリアの一部で、暮らしを豊かにするものとして、文化に根付いているのです。

僕自身、家ではディフューザーを常設しており、帰宅して落ち着きたいときや、寝る前のひとときにはお香を焚いて気分転換。さらに必要に応じてルームスプレーや消臭スプレー、ベッドスプレーも使っています。

単純に生活臭をいい匂いに変えられたら心地よいですし、ベッドルームでは安眠効果の高い香り、朝のリビングではリフレッシュ系など、部屋やモードで香りを使い分けられたら上級者です。

インテリアスタイルと合う香りの例

ジャパンディ	➔ ヒノキ、白檀、香木
ホテルライク	➔ シトラス、ティー、フローラル
北欧	➔ ウッディ、シトラス、ハーブ
ハワイアンリゾート	➔ フルーティー、フローラル、オリエンタル
ヴィンテージ	➔ レザー、ウッディ、スパイシー
インダストリアル	➔ コーヒー豆、ウッディ、レザー
カントリー	➔ ティー、ウッディ、オリエンタル

香りを感じる嗅覚は、五感の中で唯一、感情・本能に関わる大脳辺縁系に直接信号を送ることができます。「畳の匂いを嗅ぐとおばあちゃんの家を思い出す」など、香りを嗅ぐと記憶や感情まで蘇ってくる経験は誰しもあると思うのですが、それはこの脳の仕組みによるもの。

この香りの作用をインテリアに生かして、外資系ホテルなどはオリジナルのフレグランスを作り、ブランディングや空間演出に生かしています。

個人宅でも、ジャパンディスタイルの部屋×ヒノキの香り、北欧スタイルの部屋×ハーブの香りなど、インテリアスタイルと合う香りを取り入れることで相乗効果を楽しめます。ぜひ、自分の部屋にしっくりくる香りを探してみてください。

おしゃれな部屋をキープする

❶ 片付けルーティン

「素敵な部屋にしたいけど、それ以前に片付けが苦手で……」

「片付けのコツを教えてください」

そういったご相談がよく寄せられます。

しかし僕は、この問題で悩むことがほとんどありません。世の中にあふれる収納テクニックを見ると、限られたスペースに隙間なくたくさんのものを詰め込んだり、ラベリングしたりと、細やかな工夫をしていて感心しますが、僕は収納スペースにとりあえず入れておけばいいや、という大雑把なタイプです。

なんとなく習慣となっているのは、

ストックは極力持たない

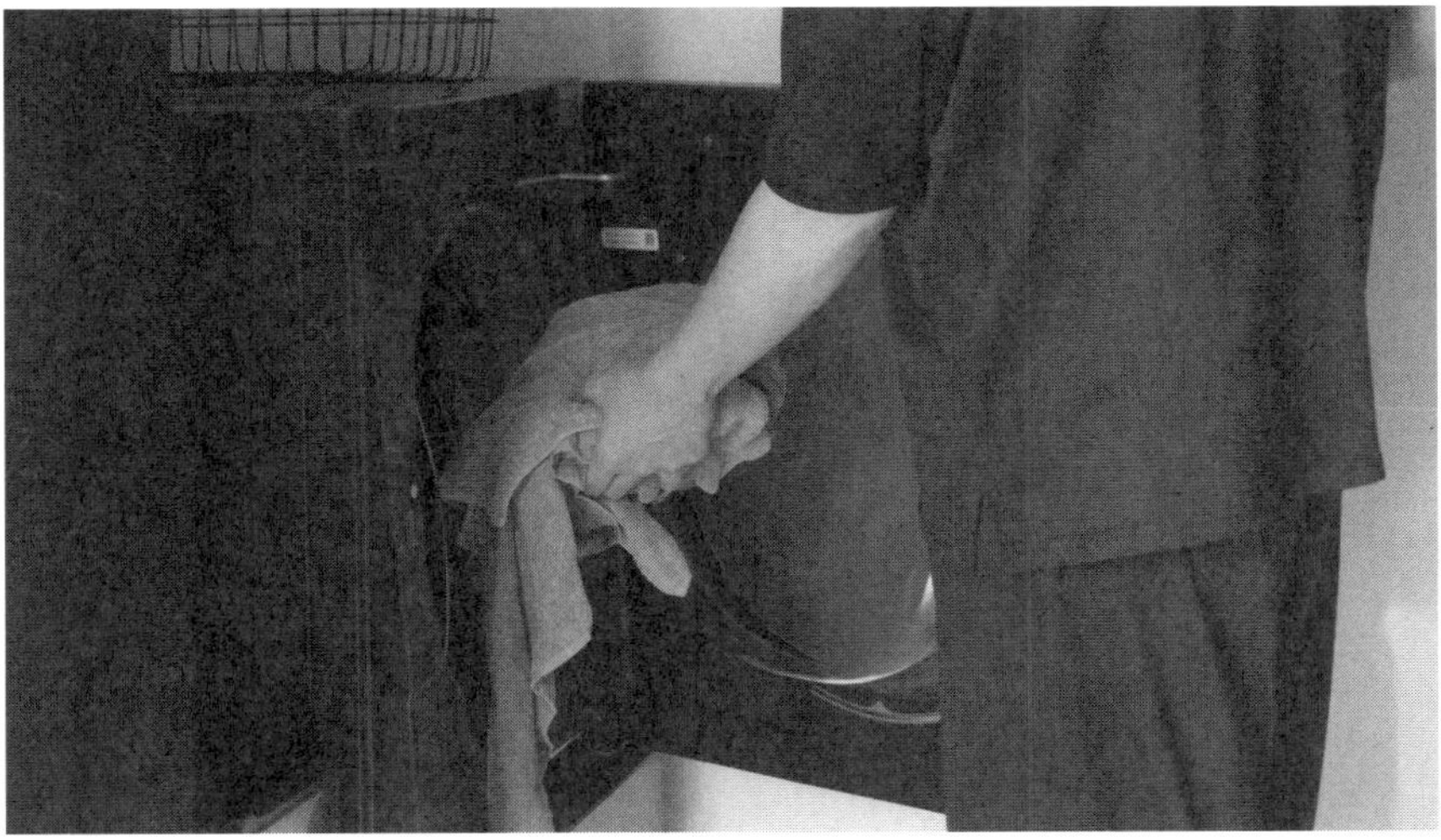

衣類やタオル類を洗濯乾燥機に放り込むのも毎朝のルーティン。
乾いたものをすぐ使えばストックを持たなくて済むので、収納スペースも不要です。

✦造り付け収納に入る分しかものを持たない
✦ものの定位置を決め、使ったら戻す
✦ものを増やすなら、その前に不要なものを処分する

という程度です。結局、もの自体が少ないほど片付けもラクになります。

僕は市販の収納用の家具を買うことには慎重ですが（P70）、どうしても造り付け収納だけでは足りないという方には、ロースタイルで圧迫感のない、扉付きの家具をおすすめします。

扉のない「見せる収納」をおしゃれに見せるには、しまうものに至るまで配色や置き方に気を配り、掃除もマメに行う必要があります。たくさんのものをすっきり見せるには、それなりに手間がかかるのです。

おしゃれな部屋をキープする

❷ お掃除ルーティン

ものが少ないということは、片付けだけでなく、掃除もラクにしてくれます。

僕はきれい好きで、かつ部屋を発信している立場ということもあり、マメに掃除をしていますが、ルーティンとして行っているのは、毎日、部屋全体に掃除機をかけるほか、汚れが気になったらウェットシートで床拭きするくらい。今の部屋には家具がほとんどなく、テレビも壁掛け。ホコリはほとんど床に落ちてしまうので、この程度の掃除で十分です。

一方、ものが多くて床に散乱していたりすると、掃除のたびにものをどかして掃除機をかけなくてはなりません。それが億劫になって掃除しなくなると汚れがたまり、ますます掃除が大変になる、という悪循環に。掃除

掃除のハードルを下げるハンディ掃除機

大型の掃除機だと重くて掃除するのが面倒になる上、収納も場所を取ります。
なるべく気軽にできる環境を整えるのが、マメに掃除するコツです。

の手間を減らして毎日短時間で掃除するのが、結局、一番ラクなのです。

僕が毎日の掃除が苦にならないのは、ハンディ掃除機のおかげでもあります。僕は軽量かつコードレスで使用できる、パナソニックの「パワーコードレス」という充電式のハンディ掃除機を愛用しているのですが、片手で手軽に扱えるので、髪の毛やゴミなどが気になったらさっと掃除でき、きれいな部屋を保てます。

スタイリッシュでシンプルなデザインなのでインテリアにも馴染み、場所を取らずに収納できるのもポイント。僕は冷蔵庫と洗濯機の間のデッドスペースに立てかけています。

ズボラな人こそハンディ掃除機を使うことをおすすめします。

部屋作りは、思い立ったらすぐに実行！

このChapterでは、DIYをベースとした部屋作りの基本やステップをお伝えしてきました。あとは実際に行動する日を決めるだけです。まず、引越しは部屋作りの大きなきっかけになります。最初に取りかかりたい床や壁のDIYは家具がないほど作業しやすいので、可能なら荷物を搬入する前に行うとスムーズです。

でも、引越しを待たずとも、自分がやりたいタイミングでできるのが、DIYのいいところ。僕も最初の部屋作りは引越しに関係なく、住んでいる最中に行いました。

ものが多いと移動だけで大変になるので、実際に床や壁のDIYを行う前になるべく減らすことをおすすめしますが、すでに大型家具を置いて

自分の好きなタイミングでマイペースにできるのもDIYの利点。時間のあるときに少しずつ進めてもいいのです。あと、多少失敗しても、仕上がりが気に入らなくても、やり直せばいいだけです。

家具設置後でも壁紙は貼れる

ベッドルームサイドの壁紙は、ベッドを搬入した後に貼りました。
ヘッドボードを避けながら貼ったことで、結果的に壁紙の節約にもなりました。

しまったら、その部分だけ避けて床材や壁紙を貼るという手もあります。

さらに細かいＤＩＹは、暮らしながら少しずつ行うこともできます。生活していると、収納が足りないなとか、もう少し壁に装飾を足したいなとか、自然にＤＩＹのアイディアが浮かぶことも多いのです。

あと、最初から大掛かりなＤＩＹをするのはハードルが高いなら、玄関やトイレの床・壁を変えるなど、小さいスペースで試しにやってみるのもいいと思います。そこで生まれ変わった空間を見たら、もっと範囲を広げてみたくなるはずです。

思い立ったらその日が吉日。さあ、実行あるのみです！

sora厳選！

インテリアの参考になるハイセンスホテル

僕がインテリアを教わってきたのは、これまで泊まってきた数々のホテル。今でもSNSやホテル予約サイトをくまなく探したり、新しくできるホテルを調べたり、実際に街を歩いていて気になったホテルに入ったり。いつもアンテナを張って、ホテルとの出会いを楽しんでいます。
このコラムでは、僕がここは必見！と思うホテルを6軒厳選して、ご案内します。ぜひ、みなさんも実際に訪れて、空間の作り方や計算し尽くされたバランス、インテリアの細部にまで宿る美意識を体感してみてください。

ホテルではここをチェック！

□**ロビーやラウンジ**
配色のバランス、家具の素材や配置、照明の使い方、香りなど（ホテルオリジナルのフレグランスやアメニティがあることも）

□**トイレ**
配色のバランス、照明の使い方など

□**客室**
配色のバランス、家具の素材や配置、照明の使い方など

□**他のお客さん**
外国人、日本人、年齢層、性別など（客層に合ったインテリアのトレンドなどが学べる）

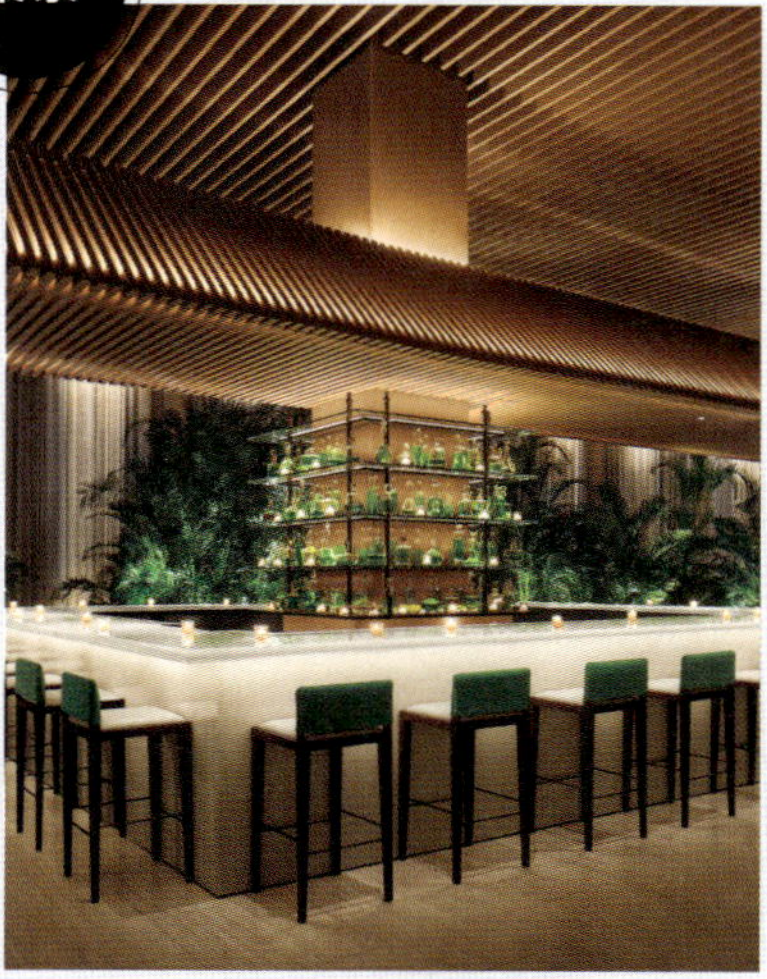

東京

東京エディション虎ノ門

東京都港区虎ノ門4-1-1
www.editionhotels.com/ja-JP/tokyo-toranomon

都会の真ん中で自然を感じる ラグジュアリーなリゾート

和と洋の美意識が融合する内装を手がけたのは、建築家・隈研吾氏。寺院の境内をイメージしたという木製の庇と、至るところに置かれた植物が圧巻の「Lobby Bar」にいると、都会にいながらにして森にいるような感覚に。エディションオリジナルの「ブラックティー」の香りも印象的。僕のフレグランスブランド「Coe.」にインスピレーションを与えてくれた香りのひとつです。

写真：ナカサアンドパートナーズ

札幌

ONSEN RYOKAN 由縁 札幌

北海道札幌市中央区北1条西7-6
uds-hotels.com/yuen/sapporo/

温泉旅館をモダンにアレンジ 素材感のあるインテリアが特徴

入口にはのれんが下がり、ビルでありながら旅館らしさを感じさせる門構え。ベッドなどの家具はもちろん、照明や花瓶、カードキーに至るまで木を随所に使用したインテリアは自然のぬくもりを感じさせます。僕の部屋の窓に設置した障子風のパーテーションや、トイレの壁面に施した木のスティックの装飾は、ここの客室の格子のデザインからヒントを得ています。

会津

会津東山温泉 鶴我 東山総本山

福島県会津若松市東山町大字石山院内151
tsuruga-higashiyama.com/

宮大工の技×モダンの調和が見事 和の名建築を堪能できる特別な宿

会津の奥座敷・東山温泉にあった料亭を改装した、1日1組限定の温泉旅館。宮大工が造った、昭和木造建築の会津三大御殿のひとつと言われる建物は重厚な佇まい。内装も侘び寂びを感じさせる和の要素を活かしつつモダンなデザインと調和させ、スタイリッシュな雰囲気に。ベッドルームやリビングのアクセントになっている格子の使い方も参考になります。

熱海

SOKI ATAMI

静岡県熱海市小嵐町4-36
uds-hotels.com/soki/atami/

余白の美を感じさせる すっきりとした空間を味わって

木を豊富に使用したインテリアや、ベージュ×オフホワイト×グレーの配色など、ジャパンディとも共通する美意識を感じるホテル。勉強になるのが余白の作り方で、特に「SOKIスイート」は、縦長の部屋の中心にベッドなどの家具がポンっと置かれた配置がかっこいい！　部屋の広さが違うので完全再現はできませんが（笑）、僕のベッドの配置の参考にさせていただきました。

金沢

写真:Takumi Ota

KUMU 金沢 by THE SHARE HOTELS

石川県金沢市上堤町2-40
thesharehotels.com/kumu/

無機質な空間に天然木をミックス 金沢の伝統を未来につなぐホテル

ロビーの天井に広がる、日本の伝統的な建具を使って組まれた木製の格子は、金沢の茶室の美学を表現したもの。元はオフィスビルだった建物のコンクリートむき出しの壁や天井と、天然木をバランスよく組み合わせ、印象的な空間を作り上げています。THE SHARE HOTELSは「地域との共生」を目指すホテルブランドで、系列の「TSUGU 京都三条」もおすすめ。

京都

nol kyoto sanjo

京都市中京区堺町通姉小路下る大阪材木町700
nolhotels.com/kyoto-sanjo/

ジャパンディテイストのど真ん中 京町家を改装したホテル

瓦張りの屋根に漆黒の壁、白いのれんが趣深い外観。ヒバ風呂、障子、スイートルームには小さな内庭、小上がりの畳部屋などのしつらえ。外国人観光客の多い京都ならではの、「和」を強く打ち出したインテリアと機能性の融合が特徴的なホテル。客室のグレーのモルタル風の壁紙と明るいウッドベージュのベッドの組み合わせや、ヘッドボードに巡らせた間接照明などは、今の僕のベッドルームの参考にしました。

sora愛用！

ホテルライクなインテリアグッズ

ホテルを意識して部屋作りをしたら、小物も上質感のあるデザインを選ぶと◎。僕が使っているアイテムをご紹介します。

夜をムーディに演出する

灯りのアイテム

AKARI 1N スタンドライト（イサム・ノグチ）

岐阜提灯の伝統技術によって作られた照明。イサム・ノグチがデザインした和紙の照明は多種ありますが、この丸みを帯びたフォルムがジャパンディらしくて気に入っています。

Remli（Ambientec）

東京近郊の産業廃棄物の中でも、リサイクルが難しいくずを粉砕して素材にした、サステナブルなポータブル照明。灯すと素材の質感が浮かび上がる様子も美しいです。

TURN／Brass（Ambientec）

すべてのパーツを金属のかたまりから削り出した端正なテーブルランプ。シェードの上に手を触れると4段階の灯りの調整ができます。コードレスで防水機能を備えているのも◎。

Night Book（Y.S.M PRODUCTS）

見た目はまるで本ですが、カバーから本のように引き出すと点灯し、しまうと消灯するデスクランプ。机の上にさりげなく置いても、立てかけた本と本の間に入れてもおしゃれ。

Xtal Acrux／Dark Gray（Ambientec）

職人の手仕事によりカットされたクリスタルガラスを使ったポータブルライト。一見キャンドルに見えますが、充電式のLEDライトで防水性なので、家のあちこちで使えます。

空間を心地よくする 香りのアイテム

オリジナルデザインのお香立て

今、商品化に向けて動いている、ガラスボトルに砂を入れたお香立て。大きめサイズなのでいろいろな長さのお香に対応。落ちた灰をそのままにしても美しく、掃除もラクです。

Glass Diffuser.
(Coe.)

僕が手がけるフレグランスブランド「Coe.」のディフューザー。10種類ある香りはもちろん、ガラスと真鍮のキャップでできた容器もホテルライクにこだわって作っています。

Wulong Cha
(Nishane)

自分の研究のためにも、ユニークな香りはマメにチェック。お気に入りのひとつが、トルコ発のフレグランスブランドが上海をイメージして調香した、ウーロン茶の香水。

アマン ファイン フレグランス VAYU(アマン)

身につける香水もホテルライクを意識して、憧れのホテル「アマン」が旅の記憶から着想を得て作ったオードパルファムを愛用。VAYUはタイのリゾートを想起させる甘い香り。

Room spray
(Coe.)

僕が好きなホテルのラウンジの香りをイメージして作ったルームスプレー。香りは10種類あり、室内にひと吹きして香りを楽しむほか、ファブリックミストとして使用しても。

インテリアに馴染む 暮らしのアイテム

珪藻土バスマット

インテリアを邪魔しないシンプルなデザインで、生活感があまり出ないのがポイント。吸水性・速乾性に優れ、濡れてもすぐに乾くので快適です。洗濯不要なのもうれしい。

ティッシュケース
(うっどすたいる)

木目調、コンクリート調など、インテリアに馴染む柄のオーダーメイドティッシュケース。カラーバリエーションは32種類もあり、テーブルなどの家具に合わせて選べます。

Chapter 3

小さくても、賃貸でも
―理想をかなえるDIY―

今、インテリア界には静かな革命が起きています。

かつて、賃貸では難しいと言われてきた施工が、

プロの手を借りずとも、自力でできるようになっているのです。

ホテルや、SNSの素敵な部屋投稿などで見た憧れのインテリアを

小さな賃貸のワンルームで、低予算でかなえられる。

その手段がDIY（Do It Yourself）です。

このChapterでは、僕が自分の部屋で実現してきた

DIYのアイディアとそのやり方をご紹介します。

※このChapterでご紹介するDIYは、実際にsoraの自宅で行ったDIYをベースに材料や道具、工程を説明しています。部屋の造りや素材、使用目的によって適切な材料や道具、工程が異なる場合もございます。各自DIYを行う前には使う材料の使用上の注意や耐荷重などを確認し、説明書に従って施工を行ってください。判断が難しい場合はホームセンターなどでDIYアドバイザー等にご相談することをおすすめします。

※各DIYについて記載している予算は、soraが実際に購入した際の金額をベースに算出しています。購入店や時期によって金額が異なる場合もございますが、ご了解ください。

ＤＩＹで理想の部屋を作る

かつてはＤＩＹというと、お父さんが休日に棚を作るなど、実用的な趣味のイメージが強かったと思います。

近年は利便性のみならず、おしゃれな空間を作るためのＤＩＹが流行し、インスタグラムやＹｏｕＴｕｂｅなどでそのアイディアを発信する人たちが増えています。僕もその一人で、便利なアイテムを作ろうとして工作するというよりは、理想の部屋を追求するために、自分の手を動かしてインテリアを作製しています。

こういう部屋を作りたい、というイメージがあっても、既製品の家具だと色やサイズが合わないということはよくありますし、壁や床などの内装をプロに依頼するとかなりのお金がかかります。

DIYの可能性は無限大

壁の前にさらに新しい壁（フェイクウォール）を設置する。
そんな大掛かりな工事もDIYの範囲でできるようになりました（P128）。

それよりは自分の手を動かした方が、予算内でセンスのよい部屋が作れる。そんな時代が来ています。

その背景としてあるのが、ＤＩＹ関連商品の進化です。今までも触れてきましたが、最近は壁や床に大きな傷などをつけずに取り付けられるアイテムや、初心者や女性でも扱いやすい材料が増え、気軽にＤＩＹにトライできるようになりました。さらに壁紙や床材などのデザインのバリエーションも増えて、自分の趣味に合ったものを探しやすくなりました。

工作などの経験が少なくても、アイディア次第、材料の組み合わせ次第でいろいろなインテリアを実現できる可能性を秘めている。それが今のＤＩＹなのです。

賃貸のＤＩＹは基本的に「原状回復」がマスト

住んでいる家が持ち家なら、どんなＤＩＹをしても個人の責任で、法律の範囲内であれば問題ありません。

ただ、僕を含めて多くの一人暮らしの人が住んでいるのは、賃貸物件なのではないかと思います。賃貸の場合だと入居者には「原状回復義務」が発生します。

原状回復とは、賃貸物件に生じた傷や汚れを契約終了時に修繕して、入居前の状態に戻すこと。それができないと原状回復にかかった費用を、入居時に大家さんに預けた敷金から引かれることになります。

この義務があるからこそ、今まで賃貸住まいでＤＩＹを行うのはハードルが高いことでした。

DIYを行う前に、ここをチェック！

床のDIY

□ 床材の商品説明を見て、元の床が施工可能な素材か確認する
➜元の床が無垢材の場合、シールで貼るタイプの床材は跡が残るので避けた方が安心

□ 床材のシールの粘着力が強いと、はがしたときに元の床がはがれることも。部屋の目立たない場所で確認する
➜不安な場合は粘着力の弱い養生テープを床に貼り、その上に床材のシールを貼る

壁のDIY

□ 壁紙シールの商品説明を見て、元の壁が貼れる素材か確認する。コンクリート、漆喰などはシールを貼れないことも

□ 古い物件だと壁の素材がもろくなっている場合も。爪でこすって崩れてくるなら危険

□ コンクリートの壁や、壁の後ろに鉄筋などが通っている場合は、家具を固定するピンが刺さらないことも
➜いずれの場合も元の壁にフェイクウォール（P128）を設置するとDIYしやすくなる

今は、商品説明に「賃貸用」「原状回復可能」などと書いてあるＤＩＹアイテムを選べば、傷や跡をつけずに済むことが多いですが、念のため大家さんや管理会社にＤＩＹをしても問題ないか、注意事項はあるか、確認しておくようにしましょう。

このように説明するとＤＩＹが危険なように感じるかもしれませんが、正しい方法で施工し、正しい方法で原状回復すれば、むしろ部屋をきれいに保てるというメリットがあります。

実際、僕は前に住んでいた部屋では数多くのＤＩＹを行ってきましたが、引越しの際に床材や壁紙を撤去したら、元の壁や床は新品同然で大家さんに驚かれました。ちなみに敷金も全額返ってきました。

原状回復、これさえあれば怖くない！

基本的に、賃貸用のＤＩＹアイテム[1]を使って、引越しする際にていねいに撤去作業をすれば、大きな傷や跡を残さずにすむことが大半です。

例えば壁紙は、元の壁に傷をつけないようにゆっくりはがすことがポイント。クッションフロアなどの床材は、カッターで切れ目を入れるとはがしやすくなります。

どうしてもシール跡などが残ってしまった場合も、便利なグッズが市販されているので適宜利用するとよいでしょう。

そして忘れてはいけないのが、ＤＩＹの際に手すりやバーなど物件備え付けのものを外していたら、それを元通りにするということです。外したパーツはきちんと保存しておき、外す前の状態の写真や外している動画などを撮っておくと、スムーズに戻せます。

１　賃貸用のＤＩＹアイテム
釘やネジではなく細いストレートピンやホッチキスで固定する器具、はがしやすい壁紙やフロアシートなど、元の壁や床などに極力傷や跡を残さないように工夫されている製品。

引越しの際にあると安心な原状回復アイテム

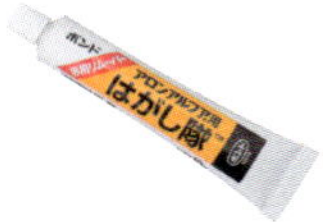

アロンアルファ用はがし隊（東亞合成）

強力接着剤のアロンアルファ専用のリムーバー。DIYでアロンアルファを使うならセットで持っておくと便利。

はがせる壁紙RILM専用はがし液（RILM）

僕が愛用している「はがせる壁紙RILM」用のリムーバー。これを塗ると元の壁紙を傷めずに、きれいにはがすことができる。

穴埋め補修剤セット（高森コーキ）

柱や壁などに打った釘穴やネジ穴を埋めるために使用。複数の補修剤を練り合わせることで、実際の壁の色に近づけることができる。

超絶！シールはがしスプレー（高森コーキ）

ガラスや金属・タイルなどに貼られたシールやテープなどを取り除く際に。とりあえず1本持っておくと安心。

DIYの際は撤去しやすい工夫を

クッションフロアを両面テープで貼る際に、その下に養生テープを貼るか、
またははがしやすい両面テープ（P119）を使うとシール跡が残りにくく、撤去もラクに。

DIYしやすい部屋ってある？物件探しのポイントは？

「引越しを機にDIYにチャレンジしたい」

「DIYを前提に物件を選びたい」

最近はそんな声も聞くようになりました。では、実際のところどんな部屋がDIYをしやすいかというと、部屋の形や構造がシンプルかどうか、の一言につきます。床材を貼るにしても壁紙を貼るにしても、柱まわりがボコボコと出ていない長方形か正方形のフラットな部屋だとラク。

入り組んだ柱がある部屋や、台形の部屋など部屋自体の形がイレギュラーだと、難易度が一気に上がります。ドアのストッパーのように床に何か部品が取り付けてあるのも、床材を貼るときの障害物になります。ただ、実際にそういう物件であっても、柱部分やストッパー部分の床材は切り抜くなど、工夫の余地はあります。

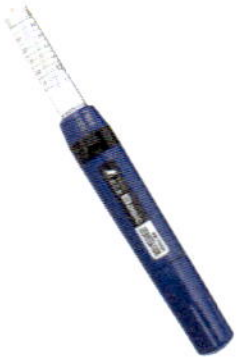

1 下地探し どこ太（シンワ測定）
壁に細い針を刺して間柱を探す機器。大きな傷をつけずに位置を特定することができる。

物件探しの際はここをチェック！

- □部屋の形はシンプルか
- □間取りはシンプルか
- □柱の形が入り組んでいないか
- □床や壁にドアストッパーなど
  備え付けの部品がついていないか
- □折り上げ天井など、天井が複雑な形状になっていないか
- □床が合板のフローリングか
- □壁が石膏ボードでできているか
  （コンクリートだと壁紙を貼ったりピンを刺したりするのが難しい）

あと、もし床のＤＩＹを考えている場合は、カーペットや畳、無垢材だと上から床材を貼るのが難しいので、合板のフローリングの物件を選ぶようにしましょう。

また、賃貸の場合ほとんどの壁は石膏ボードで、裏側にある間柱（下地）によって支えられています。石膏はもろいのでネジなどを打ち込むことができませんが、最近は石膏にも刺せる、細いピンを使ったＤＩＹアイテムが販売されています。

ただ、重いものを載せる棚などネジを使った本格的な工事を行いたいなら、間柱を探して打ち込む必要があります。間柱の位置を測定する機器[1]があるので、それで場所を特定すると計画が立てやすくなります。

使用頻度が高い！　DIYのマスト道具

DIYで揃えておきたいマスト＆おすすめ道具

最低限の道具はあった方がいいですが、あとはやりたいDIYの内容に合わせて少しずつ揃えていけばOKです。

メジャー

DIYの基本は測ること！　位置やサイズをmm単位で正確に測るとクオリティもアップ。

定規

壁紙などを切る際や、材料に印をつける際などに必須。50cm以上の長いものがおすすめ。

L字型定規（さしがね）

直角に印をつける、角度を測る、しならせて曲線を引くなど、さまざまな使い方が可能。

ハサミ

型紙どおりに切ったり、繊細な作業をしたりする際はハサミが便利。使い慣れたものを。

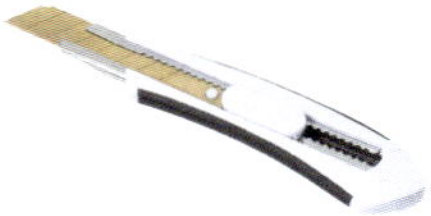

カッター

使い古して切れ味が悪くなったら、刃先を折り取ることのできる折り刃式のカッターが◎。

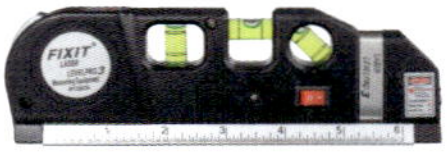

水平器

棚板やテレビの取り付けなど、傾くと失敗や事故につながるDIYは水平を確認すると安心。

軍手

断面が鋭利な材料を扱う際や、刃物を使うときなどの手の保護に。滑り止め付きが便利。

DIYの内容に合わせて揃えたい道具

切る道具

電動ノコギリ

切る材料が多い場合や硬い素材の場合は、パワフルでスピーディーな電動タイプがラク。

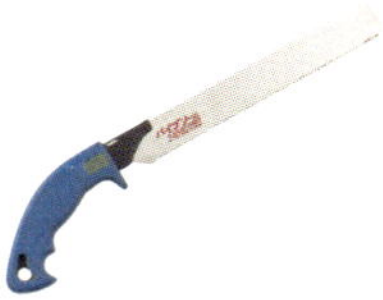

ノコギリ

木材、プラスチック、金属など切りたい材料や用途に適した刃のノコギリを使うとよい。

地ベラ

壁紙などを貼る際、地ベラで押さえてカッターの刃を沿わせるときれいにカットできる。

スキージーカッター

壁紙シールの台紙だけを切り取れるカッター。台紙を一部だけはがして貼ると失敗なし。

表面を削る道具

紙ヤスリ

カットした断面をなめらかにする用途などに使用。目の粗さ別に数種類持っておこう。

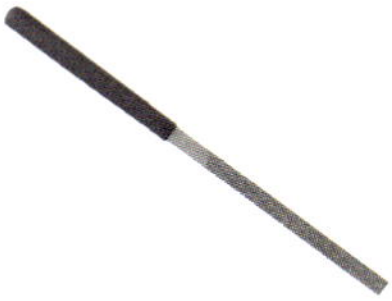

万能ヤスリ

最初に大まかにヤスリがけする際に使用。木材以外に金属やプラスチックにも使える。

ノミ

木材の穴掘りや溝掘りをする道具。カナヅチで叩く叩きノミと手で彫る突きノミがある。

彫刻刀感覚で使える突きノミは細かい作業にぴったり。

打つ道具など

ドライバー

ネジを締める道具。ネジの溝の形に合わせてプラスとマイナスの2種類があるとよい。

カナヅチ(トンカチ、ハンマー)

釘を打ち込むときに使用。やわらかいゴムハンマーはタイルをはめ込む際にあると便利。

電動ドライバー

硬い素材にネジを打ち込むときは電動ドライバーがラク。穴を開ける用途でも使える。

小型ドライバーセット

小さいネジを締めるなど、細かい作業をする際にあると重宝。100均でも入手できる。

タッカー

ホッチキスに似た道具で、ホッチキスがNGの硬い素材や厚い素材にも針を打ち込める。

ホッチキス

壁掛けテレビの部品などホッチキスで固定する商品に使用。ハンドルが180度開くタイプを。

ペンチ

ネジを外すときに。ネジの頭がつぶれてドライバーが使えないときもペンチなら回せる。

あると便利なグッズ ①

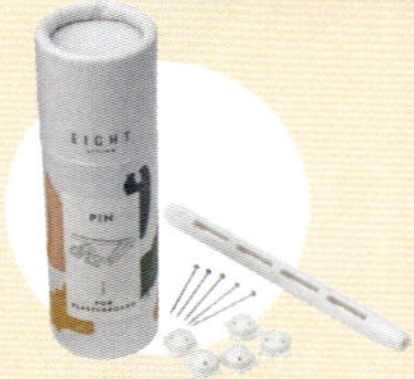

ストレートピン

穴を開けられない賃貸の壁には、ネジの代わりにピンを複数本打ち込んで固定すると◎。

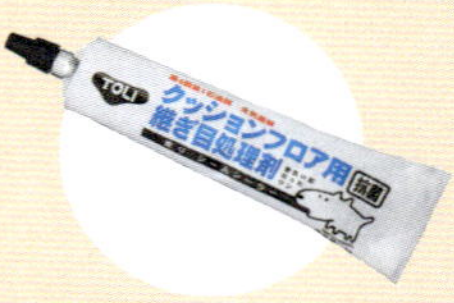

クッションフロア用継ぎ目処理剤

クッションフロアの継ぎ目の隙間を埋めてめくれにくくし、ゴミなどが詰まるのを防ぐ。

接着剤・接着する道具

養生テープ、マスキングテープ

粘着力の弱いテープ。両面テープやシールなどの下に貼っておくと後ではがしやすくなる。

両面テープ

接着の強度や、テープの厚みなどで種類がいろいろあるので、用途に合わせて選ぼう。

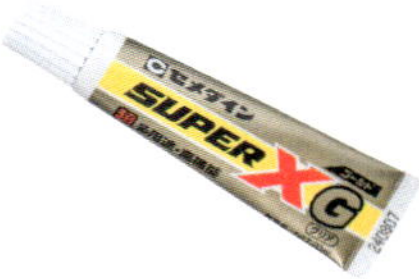

多目的接着剤

木、金属、プラスチック、コンクリート、タイル、石材など幅広い材質に対応する接着剤。

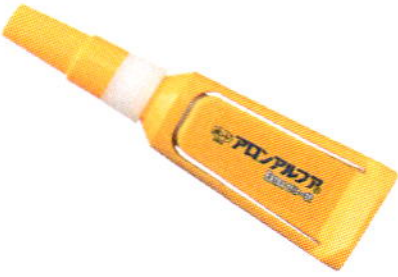

アロンアルファ ゼリー状

木やプラスチック、金属などに使える。液だれせずしみ込みにくいゼリー状が使いやすい。

ローラー

壁紙を壁に貼る際にしっかり密着させる道具。特にはがれやすいつなぎ目部分に使う。

スムーサー

壁紙を貼り付ける際にこれを当てて、全体の空気を抜きながら貼るときれいに仕上がる。

木工用ボンド

酢酸ビニル樹脂を成分とする水性系接着剤で、主に木や紙、布などの接着に使う。

あると便利なグッズ ❷

マスカー 布テープ付き

布テープと養生ビニールシートが一体化した商品。作業中に保護したい部分に貼る。

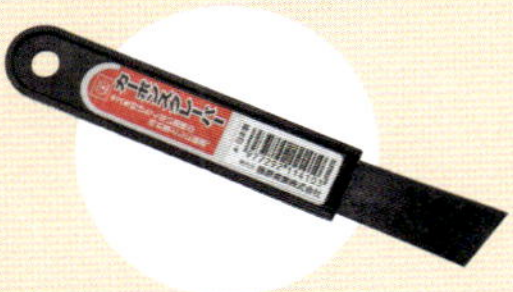

カーボンスクレーパー

炭素の入った強固なヘラ。シールをはがした後に残った粘着剤を落とす際などに便利。

ホームセンターを活用しよう

ホームセンターとは、日用雑貨や住まいに関する商品を扱うお店。DIYに関する商品がずらりと揃っているお店です。

多くのホームセンターでは木材を扱っており、カットサービスも行っています。木材を切るのは工具が必要な上、初心者や女性にはハードルが高い工程。ホームセンターを利用することで労力を大幅に削減できます。

また、「こういうDIYをやりたい」といった相談をするとおすすめの道具をアドバイスしてくれるお店や、定期的にワークショップを開催して、工具の使い方やDIYの基礎が学べるお店など、さまざまなサービスを提供するホームセンターもあります。

今はネットショップでほとんどの材料が手に入りますが、ホームセン

1 DCM DIY place

ホームセンター「DCM」が手がける体験型店舗。駅近の恵比寿ガーデンプレイス内にあり、気軽に立ち寄れるのも◎。

東京都渋谷区恵比寿4丁目20-7 恵比寿ガーデンプレイスセンタープラザ1F

TEL: 03-5421-7330

2 ワークショップ

特に人気なのが「電動工具講座」だそう。電動ドライバーや電動ノコギリなどは一見ハードルが高そうに見えるが、使いこなせると労力を省けるのでおすすめ。

DCM DIY placeは僕の第2の作業場

DIY作業用の貸出スペース「Studio2」は、当日1000円以上の買い物をすれば、4時間まで利用可能。スタッフに気軽に相談できるのも安心。

ターを活用すると、よりスムーズにＤＩＹを行うことができます。

僕が足繁く通っているホームセンターは、東京・恵比寿にある「ＤＣＭ ＤＩＹ ｐｌａｃｅ」[1]。ここはＤＩＹに関する商品がずらりと揃っているほか、ワークショップ[2]が行われるスタジオや、塗装などを体験できるコーナーがあり、気軽にＤＩＹに親しむことができます。

さらにうれしいことにＤＩＹ作業用の貸出スペースがあり、工具の貸出サービスも行われています。僕はここで、ジグソー（Ｐ１３６）など専門的な工具を借りて、自分の家ではできない本格的な作業を行っています。

みなさんもぜひ、ＤＩＹの強い味方となってくれるお店を探してみてください。

DIYの成功の鍵を握るのは、計画と下準備

次の項目からは実践編として、僕の部屋で行ってきたDIYのアイディアと作り方を具体的にご紹介していきます。

ただ、壁がコンクリートであるなど、部屋の素材が僕の部屋と異なると、同じ材料が使えない場合もあります。また、一番大切なことはDIYの目的。棚を作るにしても、小さなオブジェを飾るのか、重いものを載せるのか、目的によって適した材料や工程は変わってきます。僕の例はあくまでも参考として、実際にみなさんがDIYをする際は、ご自身の部屋の素材や目的に沿って計画を立ててください。

なお、DIYを進めるにあたっては、いくつかの下準備をしておくと作業がスムーズなばかりでなく、完成度も上がります。ここで、いろいろなDIYに共通する準備をまとめておくので、参考にしてみてください。

特に気をつけたいのは、棚や壁掛けテレビのように重いものを載せたり掛けたりするDIY。耐荷重の低い材料を使ったり、固定の強度が低かったりすると事故につながります。ホームセンターなどでプロに相談しながら計画を立てましょう。

下準備とともに重要なのが、作業する時間と場所の確保。慣れないうちは余裕を持ってスケジュールを考えると◎。

DIYをスムーズに進めるための下準備

掃除をする

壁紙や床材、リメイクシートなどを貼る際にホコリやゴミが残っていると仕上がりがボコボコになってしまうので、事前に掃除を。水気が残っているとシールの粘着力が弱まるので拭き取って。

必要な材料や道具を揃える

作業日に材料や道具が足りないと作業が止まってしまうので計画的に。材料は自分の目で見て選ぶのがベスト。壁紙や床材などをネットで買う場合、可能ならサンプルを取り寄せて検討を。

サイズを測り、イメージを書き出す

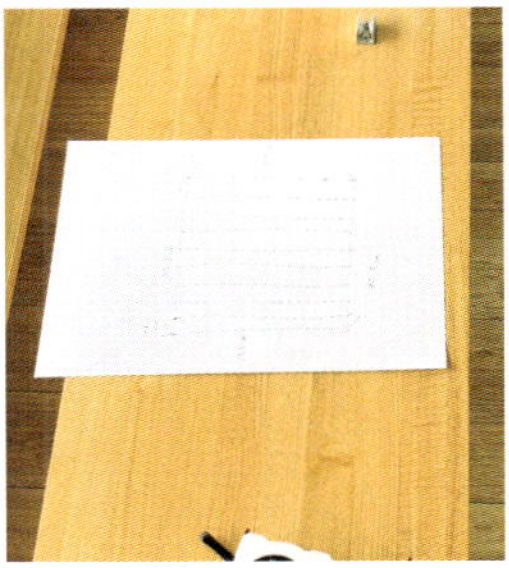

DIYを成功させる第一のコツは、正確にサイズを測ること。傾くと見た目的にも実用的にもよくないので、水平や垂直も意識して。紙に完成のイメージと寸法を書き出しておくと材料を揃えるときに便利。

養生する

ペンキが飛び散る、木くずやホコリが落ちるなど、何かと部屋が汚れやすいのがDIY。塗料を塗る、木材を切るなどの作業を室内で行う場合は、床や壁など汚れそうな場所を養生シートなどで保護して。

外した部品は保管する

やはり賃貸の場合は原状回復に備え、外した部品やネジなどはなくさないように「トイレットペーパーホルダー」「手すり」など部品ごとに関連するものを袋に入れ、名前を明記して保管しておくこと。

外せる部品はすべて外す

壁の手すりなど部屋に設置されている部品は、不要かつ外せるものはすべて外して作業する方がスムーズ。賃貸物件なら退去時に元に戻す必要があるので、外した後のネジ穴などはふさがないこと。

DIYをやってみよう

1

壁付け棚を取り付ける

家具を増やすスペースはないけど、ちょっとものを置きたい。そんな人におすすめなのが、壁に直接取り付けられる市販の壁付け棚。僕は少しアレンジしてドレッサーコーナーにしてみました。

Before

After

取り付ける壁が石膏ボードか事前に確認を。

材料

- 壁に付けられる家具棚・オーク材突板 30cm(無印良品)
- ZERO Sサイズ 墨色(TEORI) 1個
- フック画鋲 1個

壁掛けの鏡。他の商品でもOK。

使用する道具

定規/養生テープ/ピン

難易度

★☆☆

予算

約1万9000円

壁付け棚の取り付け方

1 付属の取り付け用ガイドを利用するか、養生テープを貼って印をつけて、壁付け棚のフックを刺す位置を決める。

2 ピンを使ってフックを壁に刺す。

3 壁付け収納の棚板をはめ込む。

4 壁付け棚の上に鏡を取り付ける位置を決め、フック画鋲を刺す。

5 鏡を取り付ける。

Point

取り付け位置の近くに家具や家電、ドアなどがある場合、扉を開いたときにぶつからないか確認しよう。

Point

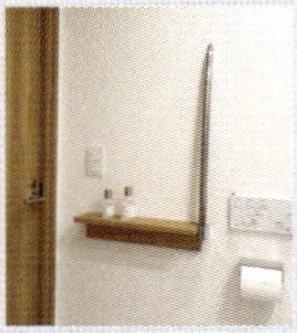

リビング、トイレ、玄関など、家のあちこちで活躍する壁付け棚。複数を縦に並べたり横に並べたりして、飾り棚風に使うのもおしゃれ。

2 収納スペースを作る

僕の今の家には造り付けのクローゼットがなく……(泣)。
狭い棚をハンガースペースに変えるなどの工夫をしてみました。
市販のアイテムを利用するだけなので超簡単です！

Before

After

造り付け棚①

Before

After

造り付け棚②

材料

- ■ 重なる竹材長方形ボックス 大（無印良品） 3個
- ■ 小型スナップタップ 3個口・ホワイト（Panasonic） 1個
- ■ ステンレス製突っ張り棒 35cm／耐荷重80kg（Le pumo） 2本

使用する道具

なし

難易度

★☆☆

予算

約1万1400円

収納スペースの作り方

1 造り付け棚①下のデッドスペースのサイズを測り、そこに入る大きさの収納ボックスを用意する。

2 造り付け棚①の下のコンセントに横からプラグを差し込めるタイプのタップをはめる。

Point

コンセントを使いたいけど収納も置きたい。そんなときはこういう便利なタップを利用すれば解決！

3 造り付け棚①の下に収納ボックスを設置する。

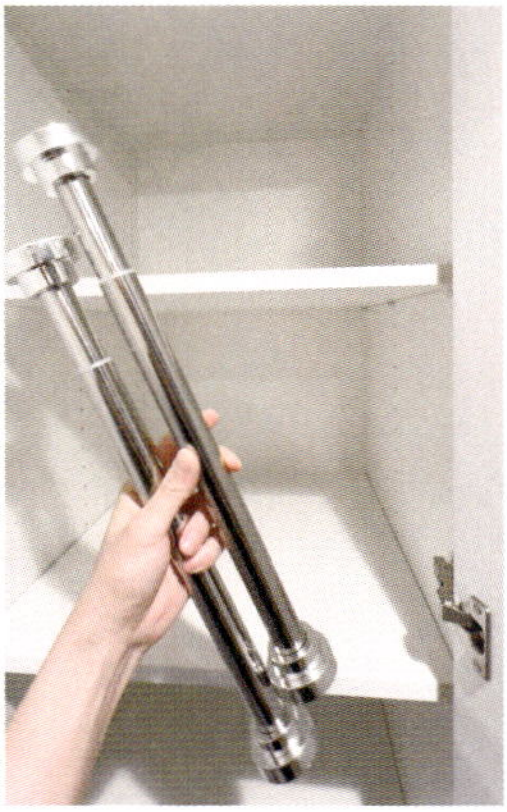

1 造り付け棚②の横の寸法を測り、突っ張り棒を2本用意する。

かけたい服の長さに合わせて突っ張り棒の本数や長さは調節を。

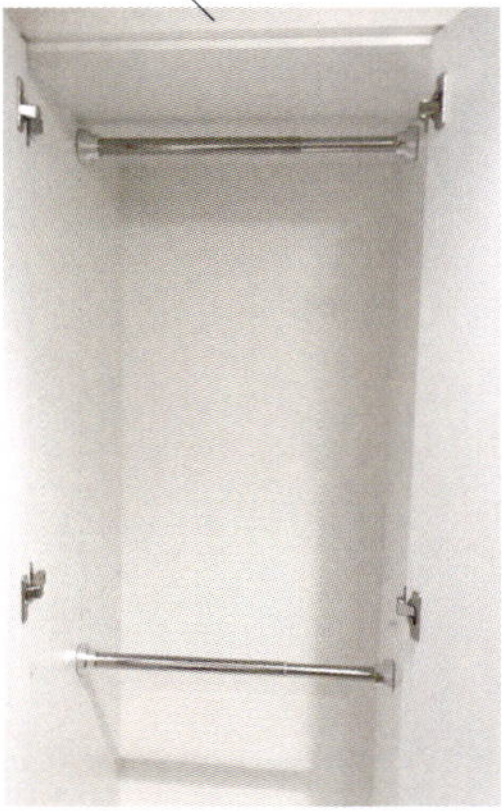

2 造り付け棚②の棚板をすべて外し、突っ張り棒2本を、高さを変えて取り付ける。

DIYをやってみよう

3

収納棚を作って壁に取り付ける

石膏ボードの壁でもOKの金具を使えば、賃貸でも壁付け収納が可能に！棚受け金具と棚板を取り付けるだけだから工程は簡単。DIYなら、スペースに合わせて高さや幅なども自分で調節できます。

Before

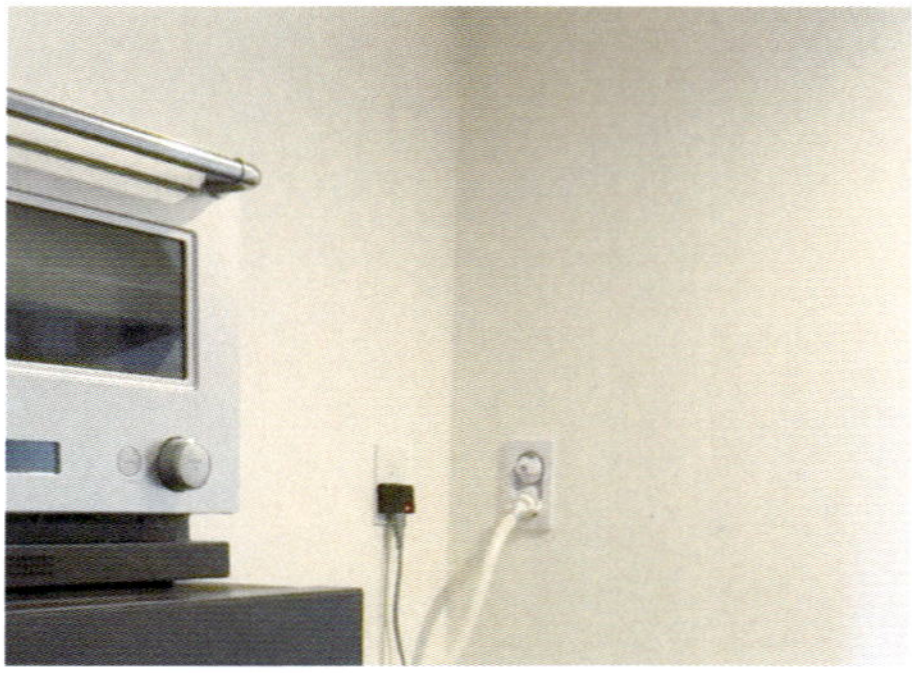

After

賃貸でも、DIY初心者でも使いやすいおすすめキット！

材料

- ■ 1×4材用ピラシェル棚受 左用 256mm 黒 WPS010（和気産業）2個
- ■ 1×4材用ピラシェル棚受 右用 256mm 黒 WPS009（和気産業）2個
- ■ ピラシェル棚柱 600mm 黒 WPS002（和気産業）2本
- ■ ピラシェル棚柱 ピン止め金具 6個　■ 棚板 1820mm×300mm 2枚

ヒノキ集成材を使用

使用する道具

定規／電動ドライバー／ドライバー

難易度

★☆☆

予算

約1万4000円

壁付け収納棚の作り方

1 棚板の幅に合わせて、壁にピラシェル棚柱2本を取り付ける位置を定規で測ってマークする。

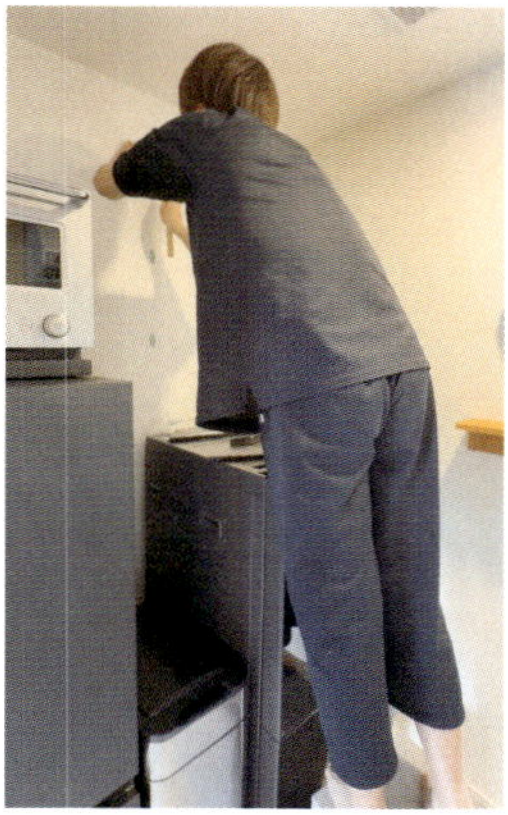

2 棚柱にピン止め金具を付属のネジでつけ、付属のピン2本で壁に仮留めする。いったんネジと棚柱を外し、金具にピン8本を打って固定。

3 金具に棚柱をセットし、ドライバーを使って付属のネジで固定する。

力がいるので電動ドライバーがおすすめ！

4 ドライバーを使ってネジで棚受を棚板に固定する（同じものを2セット作る）。

5 棚板を取り付ける位置を決める。

6 付属のストッパーを穴に差し込み、固定する。

4 リメイクシートを貼る

貼るだけで部屋の雰囲気を変えられるリメイクシートは、種類豊富な上、100均でも買えるお手軽なDIYアイテム。正確にサイズを測ることと、空気が入らないように貼るのが成功の秘訣。

Before

↓

After

貼りたい場所の素材にシートを貼っても問題ないか確認しよう。

材料

■ リメイクシート 木目調柄（ダイソー）　1枚

使用する道具

メジャー、定規／ペン／ハサミまたはカッター／シート貼り用ローラー

難易度

★☆☆

予算

約110円

リメイクシートの貼り方

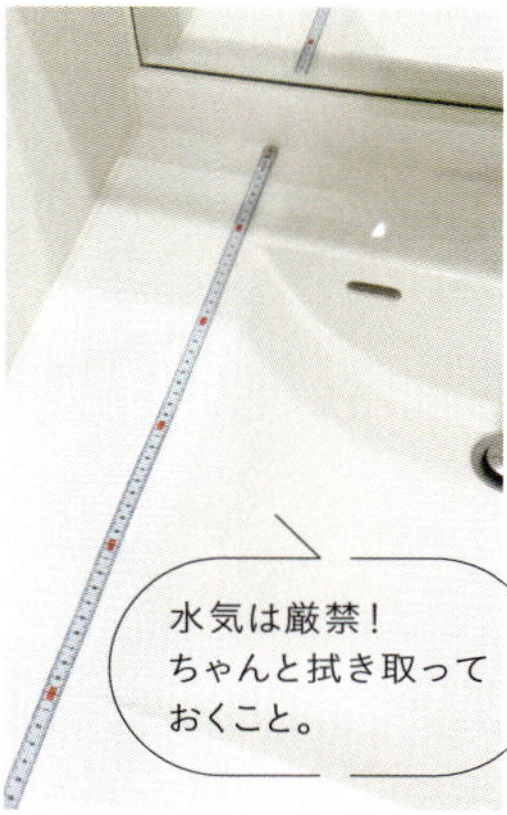
水気は厳禁！
ちゃんと拭き取って
おくこと。

1 リメイクシートを貼りたい場所を掃除し、メジャーでサイズを計測する。

mm単位で正確にマークしよう。

2 1で測ったサイズに合わせてリメイクシートの裏面に印をつける。

3 ハサミまたはカッターで曲がらないようにカットする。

空気が入らないように慎重に！

4 リメイクシートのシールを少しずつはがしながら貼り付け、ローラーで密着させる。

5 複数枚貼る場合は、つなぎ目の部分に隙間ができないように気をつけて貼る。

Point

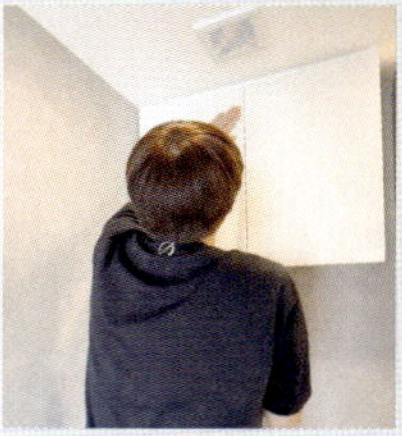

壁紙シートのように粘着力の強いシートをリメイクに使う場合は、下にマスキングテープを貼っておくと後ではがしやすい。

DIYをやってみよう

5

間接照明を取り付ける

あればあるほど部屋がおしゃれになるのが、間接照明。高い照明器具を買わなくても、市販のアイテムを貼り付けるだけで、光源を増やすことができ、夜の部屋がホテルライクになります。

Before

After

Before

After

ベッドフレームや棚板の下などに貼るだけ！

材料

■ LEDテープライト（TOLIGO）　1本
■ LEDスポットライト（中国製）　1個

読書灯、非常灯などに。

使用する道具

メジャー、定規／ハサミ

難易度

✦✧✧

予算

約5500円

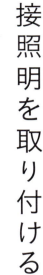

間接照明の取り付け方

1 ベッドフレームの下など、テープライトを貼って点灯させたい部分の長さを測り、ハサミでテープライトを切る。

2 テープライト裏面のシールをはがし、点灯させたい部分に貼り付ける。

Point

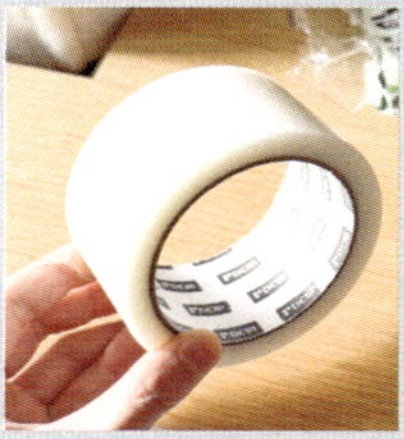

後ではがしやすくしたいなら、テープライトを貼る前に養生テープを貼っておくと安心。

1 ライトを取り付けたい部分に、付属のマグネットシールを貼る。

2 マグネットシールにスポットライトを貼り付ける。

Point

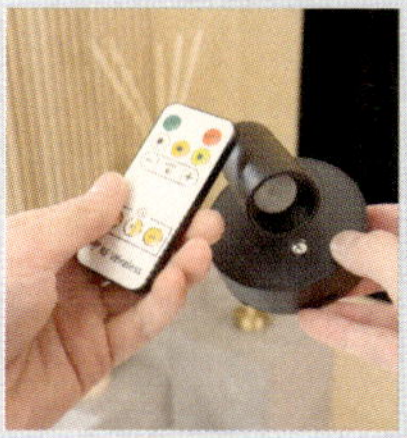

ライトはネットで購入。「USB充電」「工事不要」「ブラケットライト」などで検索すると同種の商品が見つかります。

DIYをやってみよう

6 アクセントウォールを作る

壁の一部を異なる素材や色にして変化をつけるアクセントウォール。大掛かりな工事が必要そうに見えますが、市販のパネルを使えば楽勝！簡単に部屋の雰囲気がガラッと変わるのでおすすめのDIYです。

Before

After

吸音・遮熱・保温効果もある優れもの。

材料

■ フォールディングウォールパネル
RIB:BO オーク 240cm×60cm（友安製作所） 1枚

使用する道具

メジャー、定規／ペン／軍手／ノコギリ／紙ヤスリ（荒目、細目）
トンカチ／ストレートピン

ストレートピンで固定できるので賃貸でも◎。

難易度

✦✧✧

予算

約9000円

アクセントウォールの作り方

1 アクセントウォールを設置する場所のサイズを測る。

2 設置する場所のサイズに合わせ、ウォールパネルをカットする場所に印をつける。

3 ノコギリでウォールパネルを切る。

目の粗いヤスリ→細かいヤスリの順にかける。

4 ウォールパネルを切った断面に紙ヤスリをかけてなめらかにする。

壁にストレートピンが刺さらない場合は養生テープ＋両面テープで固定してもOK。

5 設置する場所にウォールパネルを当て、上下数か所にトンカチでストレートピンを打ち込み、固定する。

Point

このウォールパネルは薄型で簡単に曲げられるので、壁に沿わせて円柱風にすることも可能。

DIYをやってみよう

7 クッションフロアで床を変える

面積の広い床は部屋の印象を決定する大きなポイント。床を好みの色や柄にすることで部屋が一気に変化します。クッションフロアは比較的安価なので初心者でも挑戦しやすい！

色や柄が多種あるのでサンプルをチェック。

材料

（約13畳分）

■ 住宅用クッションフロア ナチュラルウッド（壁紙屋本舗）182cm　20m巻

使用する道具

メジャー、定規／ペン／ハサミ、カッター／クッションフロア用カッター
養生テープ／両面テープ／地ベラ／ローラー
クッションフロア用継ぎ目処理剤

難易度

✦✦✧

予算

約3万2000円

クッションフロアの貼り方

1 部屋にある家具をすべて出し、掃き掃除、拭き掃除をして床をきれいにする。

サイズぴったりではなく30cmくらい長めに。

2 部屋のサイズを測り、クッションフロアをカットする。

養生テープを下貼りすると原状回復がラク！

3 部屋の4辺に養生テープを貼り、次に50cm間隔ではしご状に貼る。

4 3で貼った養生テープの上に両面テープを重ねて貼る。はがしやすいタイプの両面テープなら直接貼ってもOK。

5 両面テープの剥離紙ははがさずに1枚目のクッションフロアを仮置きし、壁際の余分な部分は地ベラで押さえてカットする。

ここで空気が入らないように注意！

6 クッションフロアを半分めくり、その部分の両面テープの剥離紙をはがし、クッションフロアを戻して貼る（残り半分も同様に）。

7 2枚目のクッションフロアは、1枚目と目地の位置や柄が合うように仮置きし、部屋の大きさに合わせて余分な部分をカット。

8 6と同様に2枚目のクッションフロアを床に貼る。継ぎ目の部分をローラーで圧着し、継ぎ目処理剤を入れる。3枚目以降も同様に。

Point

友安製作所の「賃貸OK 剥がせる床用両面テープ【ユカオ】」ならはがしやすく、養生テープの下貼りが不要。

DIYをやってみよう

8

フロアタイルで床を変える

フロアタイルを敷き詰めると、より高級感のある仕上がりに。床にはめていくだけですが、部屋の形が複雑だと難易度が上がります。便利グッズも活用して、隙間なくきれいに仕上げましょう！

Before

After

はめ込むタイプのフロアタイルなのでテープなどは不要。

材料

（約7.8畳分）

■ JOINT-LOCKpietra JLPI-03（アサヒペン）　10ケース（8枚入り）

使用する道具

定規／カッター／ゴムハンマー／ペン／ペンチ
型取りゲージA 150mm、B 300mm（シンワ測定）
型取りゲージ（THREEAXIS）

難易度

✦✦✧

予算

約7万9000円

フロアタイルの敷き方

1 部屋にある家具をすべて移動し、掃除してゴミやホコリなどを取り除く。

2 部屋の左隅から右へとフロアタイルを置いていく。

タイルに傷がつかないように力は入れすぎないこと！

3 隣り合うタイルの短辺の溝同士を連結させ、ゴムハンマーで軽く叩いてはめ込む。

4 2列目以降は1列目とはずらしてタイルを置くと、つなぎ目の部分に隙間が空きにくくなる。

5 列の最後でタイルの寸法が合わない場合は、収まるサイズにカット（カッターで切れ目を入れ、手またはペンチで折る）してはめる。

6 最後の列は、残り幅に合わせてタイルをカットし、はめ込む。

Point

ぴっちり敷き詰めるために細かく切ったタイルをはめ込む場合は、浮かないように木片などで押さえながらはめると◎。

Point

柱など凹凸がある部分は、型取りゲージを使用して型を取り、それに沿ってタイルをカットしてはめ込むとぴったりフィット！

D I Yをやってみよう

9

壁紙シールで壁を変える

床と並び、部屋の印象を決定づける大きな要素が「壁」。シールタイプの壁紙なら貼るだけなので、工程も比較的簡単。コンセントなどがある場合は少し厄介なので、コツを伝授します。

Before

After

貼りたい場所のサイズに合わせて購入。

材料　（約210cm×90cm分）

■ はがせる壁紙RILM 漆喰調のグレーベージュ（RILM）93cm×3m

使用する道具

メジャー、定規／ペン／カッター／スキージーカッター
養生テープ／地ベラ／スムーサー／ローラー

壁紙がはがれてきたらローラーで圧着！

難易度

✦✦✧

予算

約7000円

壁紙シールの貼り方

1 壁紙を貼りたい場所を拭き掃除してホコリや汚れを取る。

サイズぴったりではなく5cmくらい長めに。

2 壁紙を貼りたい場所のサイズを測り、壁紙シールをカットする場所に印をつける。

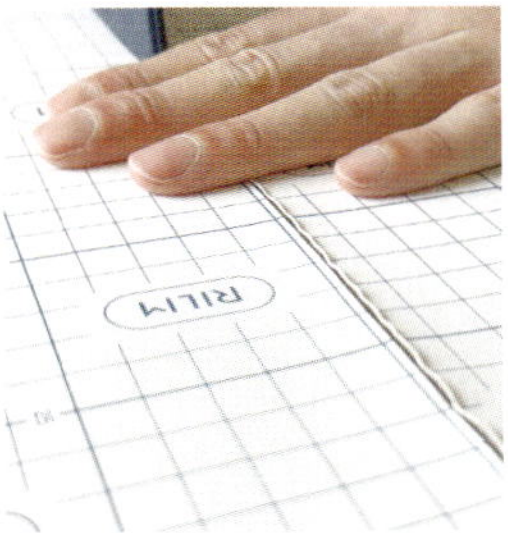

3 カッターで壁紙を切る。

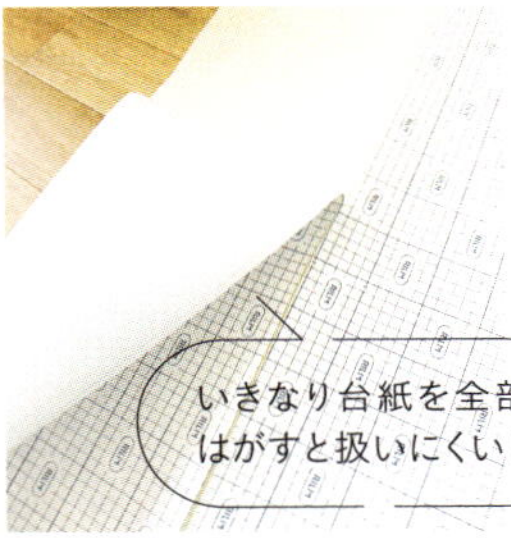

いきなり台紙を全部はがすと扱いにくい!

4 スキージーカッターで壁紙の上部、10cm分くらいのシール台紙だけ切ってはがす。

コンセントのプレートは外してもOK

5 壁に巾木やコンセント、排気口などがあれば養生テープを貼っておく。

空気が入らないように注意!

6 壁の上部に壁紙を当てて貼り、残りの部分も台紙を少しずつはがし手やスムーサーで押さえながら貼る。

7 コンセントや排気口の周囲をカッターで切り取る。

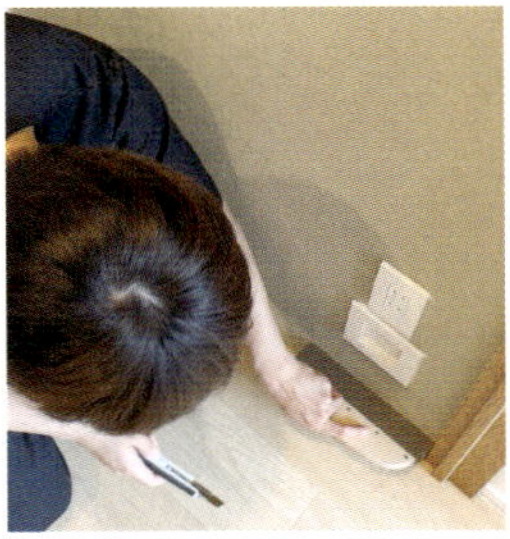

8 巾木の部分に地ベラを当てて壁紙をしっかり密着させる。壁の上下ではみ出した部分の壁紙をカッターで切り取る。

Point

コンセントなどの周囲がうまく切れず隙間ができても、細かく切った壁紙シールを貼って、指で押して馴染ませればOK。

10 木のテープを壁にあしらう

床だけでなく壁にも木をあしらうとジャパンディな印象になります。薄い木のテープは、貼るだけで木の風合いを取り入れられる便利アイテム。木のテープにあえて両面テープを重ねて、立体感を出すのがポイント。

Before

After

Before

After

材料（約210cm×50本分）

■ 木のテープ（ウッドテープ）
ホワイトオーク（オムニツダ） 20mm×10m 11本

使用する道具

メジャー、ハサミ／両面テープ（強力2mm厚）

厚みのあるタイプを使用。

難易度

✦✦✧

予算

約1万4000円

木のテープの貼り方

1 木のテープを貼りたい場所の長さや範囲を測り、必要なテープの本数を計算する。

2 壁の長さに合わせて木のテープをハサミで切る。

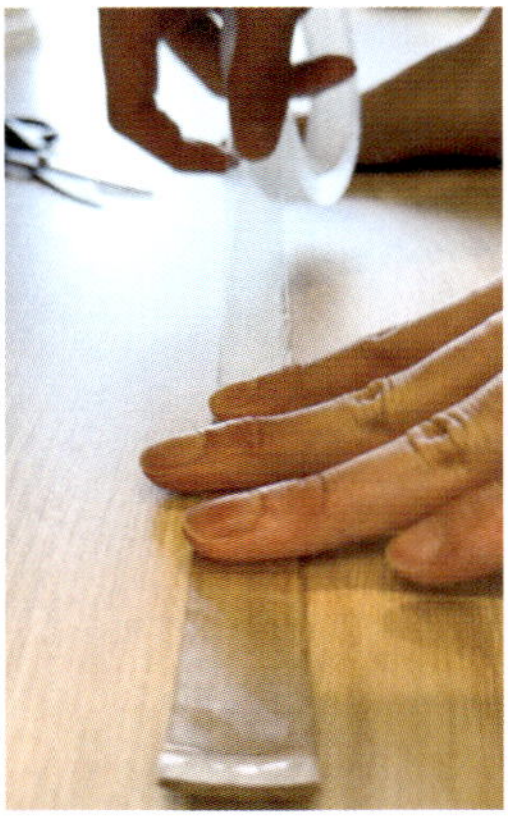

3 木のテープに両面テープを貼り付ける。

4 両面テープの剥離紙をはがして木のテープを壁に等間隔に貼る。壁に壁紙シールを貼っていない場合は養生テープを下貼りすると安心。

5 壁に電気のスイッチやコンセントなどがある場合は、木のテープを細かく切って調整する。

Point

木のテープを壁の全面に貼っても◎。中途半端な余白ができないように間隔の幅を計算して正確に貼ると仕上がりがきれいに。

11

テレビを壁掛けにする

DIYをやってみよう

ホテルのテレビまわりがすっきりして見える原因は「壁掛け」だから。家のテレビも壁にかけることで印象が激変。掃除もラクになります。賃貸に多い石膏ボード壁では難しかった壁掛けも便利グッズを使えば可能に！

Before

After

材料

■ TVセッター壁美人（スタープラチナ）　※対応インチや耐荷重別に数種類あり。

Check!

□ 取り付ける壁は石膏ボード壁？　□ テレビはスタンドが取り外しできる？

□ テレビの背面にネジ穴が4点開いている？

使用する道具

メジャー／小型ドライバーセット／ホッチキス（180度開くタイプ）

両面テープ／水平器／軍手

難易度

★★☆

予算

約2万円

テレビを壁掛けにする方法

水平器で水平を
チェックすると安心。

1 テレビを取り付けたい場所をメジャーで測り、目安として両面テープを貼る。

2 テレビのスタンドを外し、ドライバーで付属の部品（ブラケット）を取り付ける。

3 壁に付属の部品（プレート）を当て、端からホッチキスで留める。

僕は合計960回打ち
込みました！ 忍耐！

4 プレートに水平器を取り付けて傾きをチェックしながら反対側の端も留め、残りもホッチキスを打ち込む。

安全のため2人で取
り付けるのがベスト。

5 テレビに付けたブラケットをプレートに引っ掛けて固定する。

6 ブラケットとプレートの接合部分を下から付属のボルトで締め、配線をなるべくテレビの後ろに隠す。

Point

石膏ピンのみで取り付けが可能で、ホッチキスよりも簡単なテレビ壁掛けツール「FLOAT」（EIGHT LIVING）もおすすめ。「壁美人」では取り付けられない重量のある大型テレビにも対応しており、設置自体も簡単。

DIYをやってみよう

12

フェイクウォールを作る

壁の素材によっては、DIYでできることが限られてしまうことも。それならもう1枚壁を作ってしまおう、と思いついたのがフェイクウォール。壁のサイズさえきちんと測れば、意外に簡単にできるので、ぜひ挑戦を。

Before

↓

After

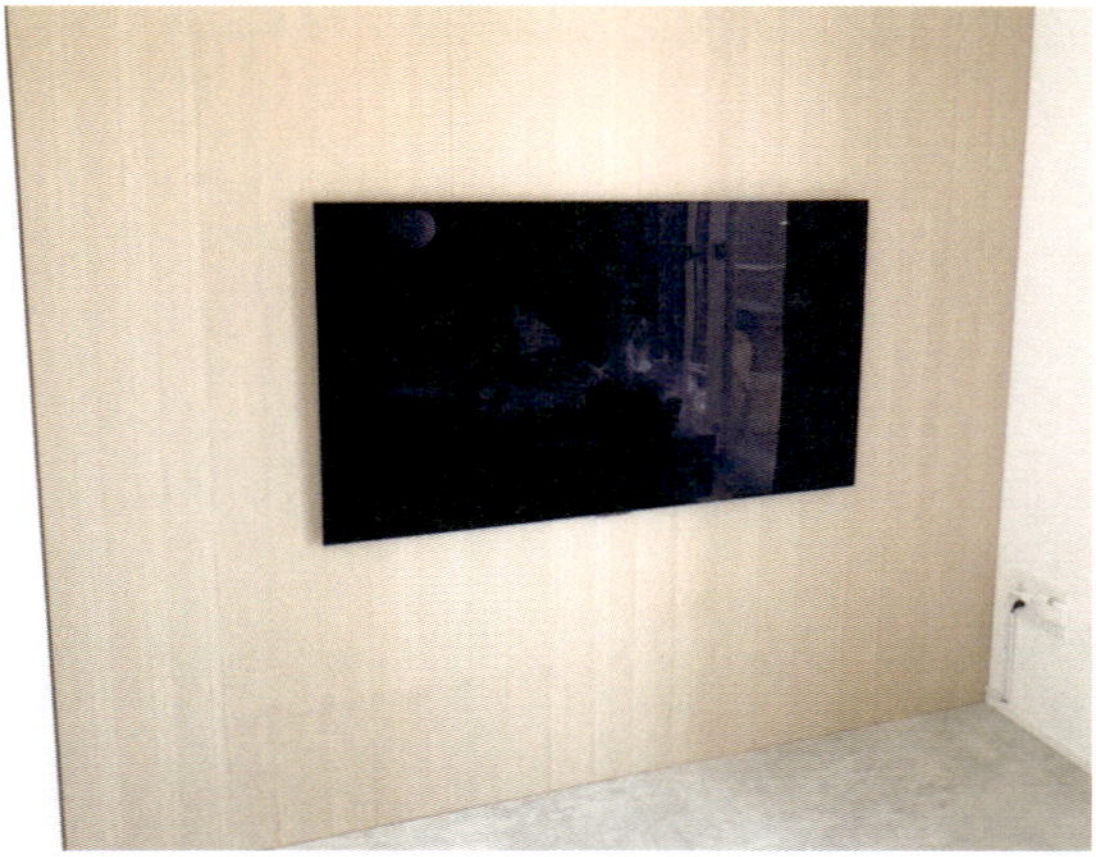

材料（約230cm×217cm）

■ STAND BAR 6　2箱（アイワ金属）
■ 柱 2×4材 8フィート 5本　■ 合板 90cm×180cm 5枚　■ ネジ
■ 天然杢ウッドテープ
　ホワイトオーク 再剥離仕様（オムニツダ）　15cm×3500cm（35m）

使用する道具

メジャー、定規／電動ノコギリ／ドライバー、電動ドライバー
ハサミ、カッター／地ベラ

難易度

✦✦✦

予算

約12万円

フェイクウォールの作り方

初心者はホームセンターなどに相談すると安心。

1 フェイクウォールを設置したい場所のサイズを測り、柱や合板のサイズ、数を決める。

カットもホームセンターに依頼すると簡単。

2 電動ノコギリで柱や合板をカットする。

3 付属のネジで柱にSTAND BARのパーツを留める。

4 付属のピンで壁にSTAND BARのパーツを留める。

5 STAND BARの2つのパーツを組み合わせて、柱を壁に取り付ける。

6 合板を柱に当て、電動ドライバーでネジを打って固定する。

7 ウッドテープをカットし、合板に貼り付ける。

8 テープが床につく部分は地ベラを押し当てて圧着させる。

Point

フェイクウォールの中央に「テレビハンガー ラブリコ」（平安伸鋼工業）を取り付けてテレビを固定すれば極薄の壁掛けテレビが完成。

DIYをやってみよう

13 木の格子を取り付ける

前に住んでいた部屋に備え付けてあった、アクリルパネルのついた間仕切り壁。ジャパンディな空間にするために、パネルを外して木の格子をはめることに。釘やネジを使わずに作ったので大変でしたが、仕上がりは気に入っています。

Before

After

材料　（約93.5cm×155cm）

- ■ 上下用の木材　93.5cm×7cm×1cm　2本
- ■ 縦格子用の木材　155cm×3cm×1cm　15本
- ■ 水性木部防虫・防腐ステインEX レッドオーク（アサヒペン）
- ■ 壁紙シール

使用する道具

メジャー／ノコギリ／かんな／紙ヤスリ（荒目、細目）／ハケ
養生シート／木工用ボンド／軍手

難易度

✦✦✦

予算

約7000円

木の格子の作り方

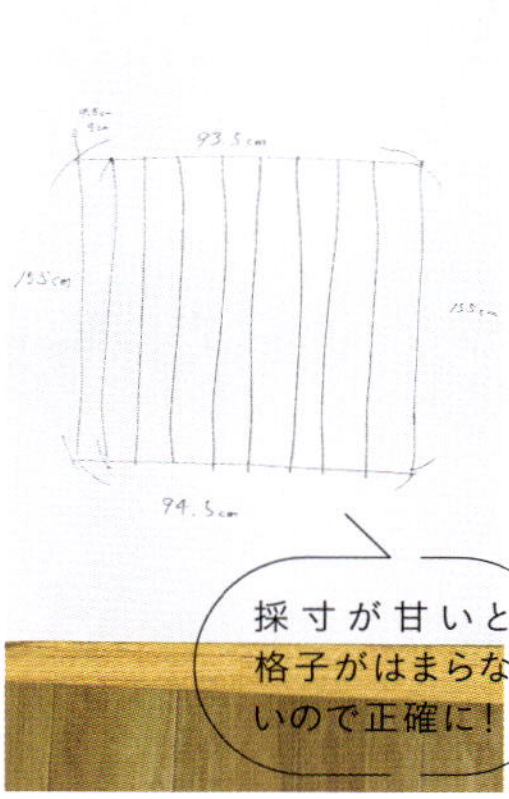
採寸が甘いと
格子がはまらないので正確に！

1 格子を取り付けたい部分のサイズを測り、縦格子の寸法や間隔などを決め、設計図を作る。

基本ホームセンターでカットして微調整を家で。

避難はしご

2 ノコギリで木材をカットして表面をかんなで削る。

3 木材の断面をヤスリがけしてなめらかにする。

室内で塗るときは養生シートを敷いて。

4 ハケで木材に水性塗料を塗り、乾かす。

5 枠の上下と側面に壁紙シールを貼る。上下の木材を木工用ボンドで接着し、縦格子をはめる箇所に印をつける。

6 縦格子の先端に木工用ボンドをつけてはめ込み、固定する。

DIYをやってみよう

14

ケーブルボックスを作る

部屋がすっきりしていくほどに目についてくるのが、ごちゃつく配線。床から浮かせてケーブルを収納できるボックスを自作してみました。自分でカバーを作れば、他のインテリアと馴染ませることもできます。

Before

After

合板Cはコードを出せるように2cm×20cm切り取る。

材料（約26cm×29cm×8cm）

■ 合板A（前板）26cm×29cm 1枚／合板B（側板）26cm×8cm 2枚
合板C（底板）8cm×29cm 1枚／合板D（ふた）8cm×29cm 1枚

■ 天然杢ウッドテープ
ホワイトオーク 再剥離仕様（オムニツダ）15cm×500cm（5m）

■ ネジ ■ 金具用石こうピンLONG白【2個入り】M4×10（八幡ねじ）1パック

使用する道具

メジャー、定規／ハサミ、カッター／ドライバー／キリ／軍手

難易度

✦✦✦

予算

約1万6000円

ケーブルボックスの作り方

製作が難しければ市販品を利用しても。

1 合板A、B、Cを箱状に組み、ネジで留める。

少し大きめに切って、くるむように貼ると◎。

2 ウッドテープをカットして、1で組み立てた箱やふた用の合板Dの表面に貼る。

賃貸物件の壁でもネジをつけられる優れもの。

3 コンセントの両脇に金具用石こうピンを取り付ける。

固定する前にケーブルをボックス内に収めて。

4 1の左右の側板の小口にキリで下穴を開け、金具用石こうピンのネジにはめて固定する。

5 ふたをかぶせる。

Point

ボックスの底板は壁につける側を幅2cmほど切り抜き、ケーブルを通せるようにするのがポイント。熱がこもらない効果も。

DIYをやってみよう

15 壁付け棚を自作する

P106で市販の壁付け棚を取り付けるDIYを紹介しましたが、そこからもう一歩進んで、オリジナルの壁付け棚を作ってみました。DIYなら部屋のサイズに合わせられるので、デッドスペースなし！

Before

After

棚板はオーダー家具shopに依頼したもの。

材料 （約133cm×11cm）

- ■ L字型棚板（うっどすたいる）133cm×11cm＋背面板高さ7.5cm ※オーダーメイド品
- ■ 壁に付けられる家具棚・オーク材突板 30cm（無印良品） 2点 ※フックやピン、受け部品のみ使用
- ■ 天然杢ウッドテープ ホワイトオーク 再剥離仕様（オムニツダ） 15cm×500cm（5m）
- ■ LEDテープライト（TOLIGO） 1本

使用する道具

メジャー、定規／ドライバー／ハサミ、カッター／ノミ／軍手

難易度

✦✦✦

予算

約4万8000円

壁付け棚の作り方

1 棚板の壁につける面の4か所をノミで削り、無印良品の家具棚の受け部品がついている部分と同じ形状にする。

2 ドライバーで無印良品の家具棚の受け部品を外し、棚板のノミで削った場所に取り付ける。

この一手間で高級感がアップします。

3 ウッドテープをカットして棚板の表面に貼る。

棚板に取り付けた受け部品と対応する位置に。

4 壁の4か所に無印良品の家具棚の付属のフックをピンで取り付ける。

5 棚板の受け部品と壁のフックを合わせて棚板をはめ込む。

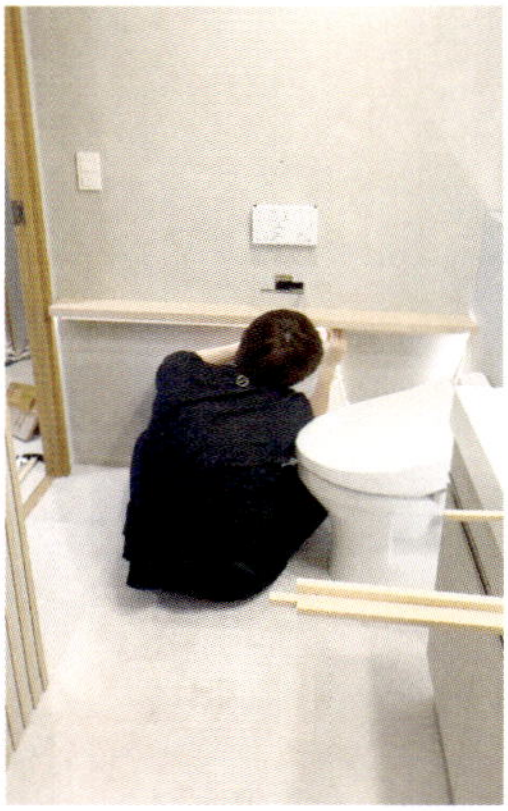

6 棚板の下にLEDテープライトを貼る。

16 トイレをタンクレス風に変える

床や壁を変えても、どことなく生活感が出てしまうのがトイレ。その原因はタンクだと気づき、ボックスで隠してしまうことにしました。水を流すたびにふたを開け閉めすることになりましたが、仕上がりには満足！

Before

After

材料　（約78cm×100cm×27cm）

■ 合板A（前板）78cm×100cm 1枚／合板B（側板）26cm×100cm 2枚
合板C（ふた）78cm×27cm 1枚／合板D（底板）75cm×5cm 1枚

■ はがせる壁紙RILM プレーンモルタル（RILM）93cm×300cm（3m）

■ L字金具　2個　■ ネジ

使用する道具

ジグソーは刃を上下させて切断する電動工具。

メジャー、定規／ドライバー
ハサミ、カッター／紙ヤスリ／電動ノコギリまたはジグソー

難易度

✦✦✦

予算

約1万2000円

タンクレス風トイレの作り方

1 トイレのタンクに箱をかぶせることを想定して、周囲のサイズを測る。

切り抜きなど細かい作業はジグソーが便利。

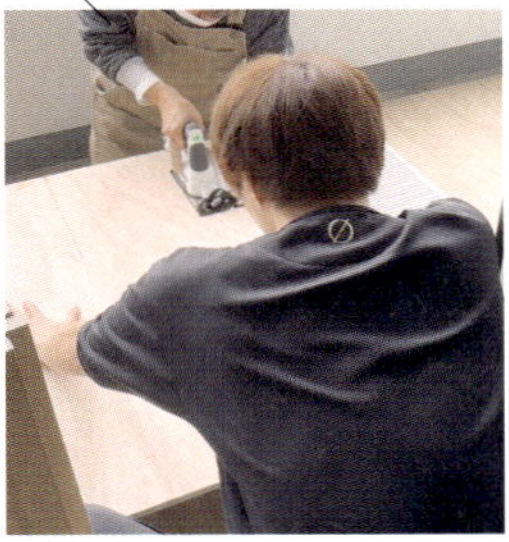

2 合板をカットし、A、B、C、Dを用意する。Aはタンクと便器の接合部分が入るように四角く切り抜く。

余白を作って内側に折り込みながら貼る。

3 壁紙シールをカットして合板A、B、Cの表面に貼る。

Dを置くのは両側の板がずれるのを防ぐため。

4 タンクの両側に合板Bを立てかけ、下に合板Dを置く。

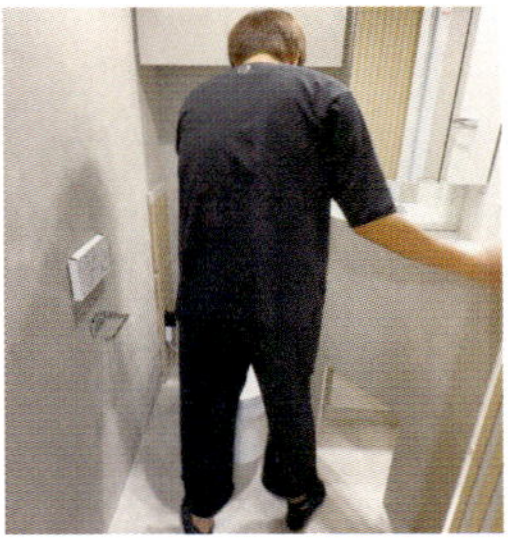

5 タンクの前面に合板Aをはめ込み、Bと接する部分の内側にL字金具を当て、ネジ留めする（左右2か所）。

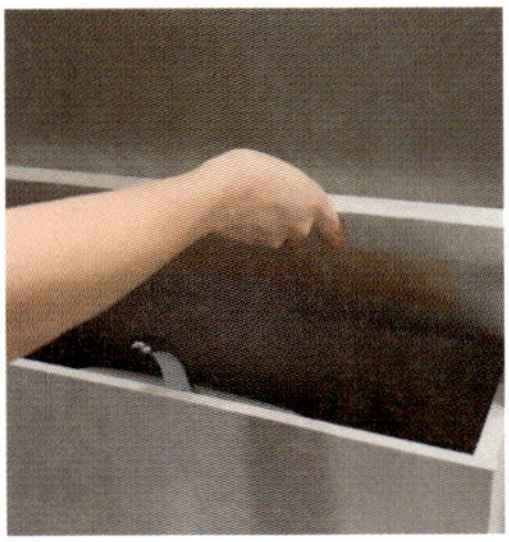

6 ふたをかぶせてタンクを隠す。

Point

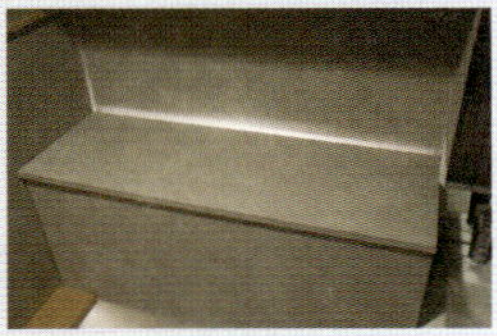

タンクの上部にLEDテープライトを貼っておくと、ふたを少しずらしたときに光がもれて、ホテルライクでおしゃれな印象に。場所を取らずにトイレに間接照明を取り入れることができる。

soraの1日

部屋が変わってから暮らしも
生き方もどんどんとシンプルに。
好きなものに囲まれて
好きなことを仕事にする。
そんな生活を通して
僕自身という人間も
見えてきた気がします。

モーニング

睡眠時間はしっかり取りたいタイプ。
部屋をホテル仕様にしてから、目覚めもよくなりました。

パーテーションを開ける
のが朝の日課。

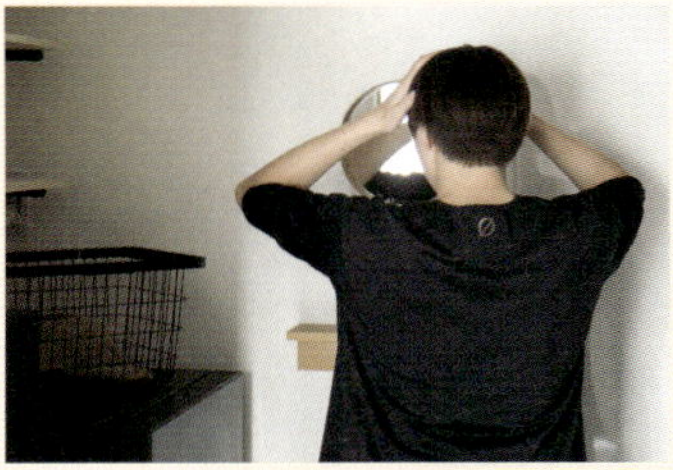

キッチンの鏡で髪を整えたら身支度完了。洗面所に行くよりも動線がシンプルになり、さっと動き始められるように。

午前中はジムで軽く運動。腕時計や財布など、外出時の持ち物は玄関の戸棚が定位置。帰宅したら必ずここに戻します。

朝はまず、水を飲むのが習慣。体が重くなるので朝食は食べずに、サプリメントで栄養を適宜補っています。

アフタヌーン

午後はワークタイム。外で仕事をしたり、家でDIYしたり。最近はこの部屋用に作ったものが商品化につながるケースも。

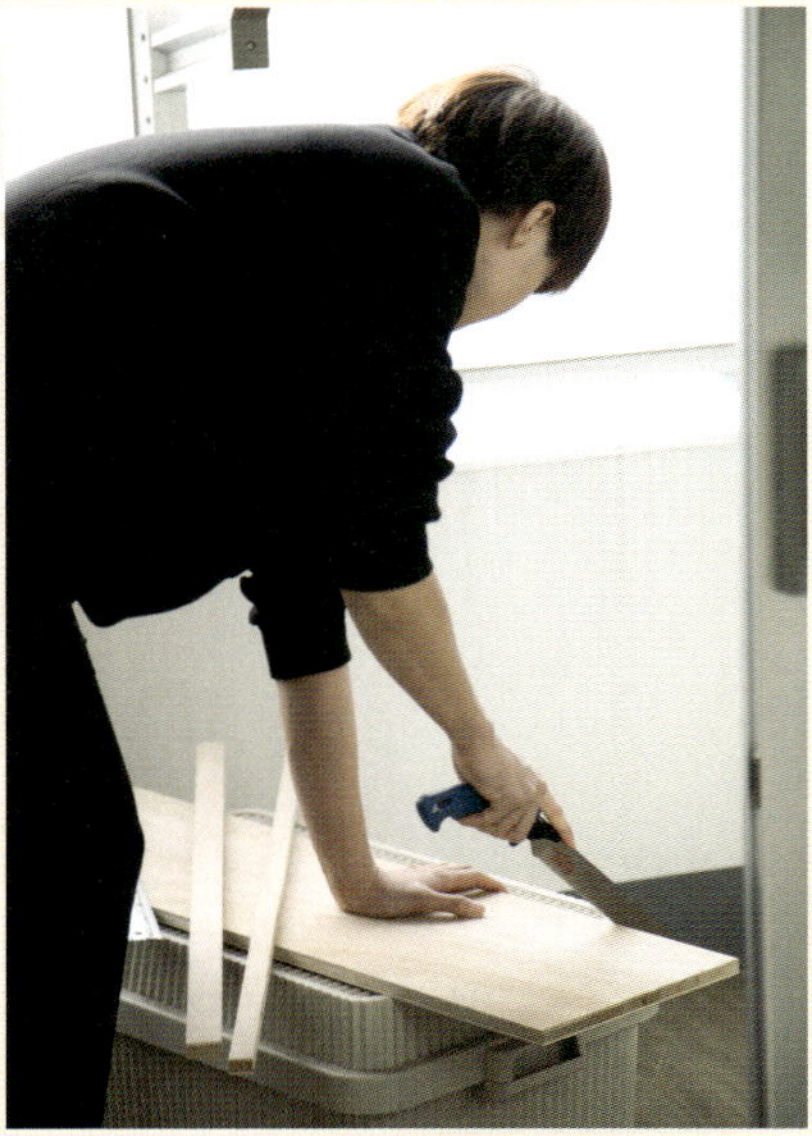

木材のカットなどは木くずが散っても気にならないベランダで。せっかくの眺めのいいベランダもほぼDIYスペースになっています。

家から徒歩5分の距離に港があり、時々海沿いを散歩。リラックス時間となっています。

スキージーカッターなど新しい道具はどんどん導入！ 使ってよかったアイテムを紹介することも、DIYを広める活動の一環。

ナイト

夜、キンキンに冷えたビールを飲むのが、1日の楽しみ。
間接照明の灯りに包まれると、心が自然にほぐれていきます。

Night

ベランダから夜景を見渡すと、東京の真ん中に住んでいるんだな、という実感が湧いてきます。

ベッドサイドのライトを消しておやすみタイム。オンオフの切り替えがしっかりできているからか、すっと眠りに落ちます。

グラスをしっかり冷やすのがsora流のこだわりポイント。冷凍庫の中は食べ物ではなく、グラスがずらりと並んでいます。

おわりに

僕は「賃貸暮らしの人に夢と希望を与える」をテーマに発信を続けてきました。まずは、部屋は変えられるということを知ってもらいたい。最初は簡単なＤＩＹでもいいから、自分の手で部屋を作る楽しさを知ってもらいたい。何よりも自分の好きな部屋に住む心地よさを味わってほしい。この本がそのきっかけになれば幸いです。

僕は最近、訪問ＤＩＹという事業を始めました。これは、賃貸の部屋を変えたいけれど自力では難しいという方をサポートするサービスで、部屋を訪問し、サイズなどを測って壁紙や床材などの候補をご提案し、ＤＩＹの施工まで行う、という内容。リノベーションよりも低予算かつ原状回復できる範囲で、部屋の雰囲気を自分好みに変えられるのが魅力です。

ＤＩＹにチャレンジしてみたいと思っていても、「どんな部屋にしたらいい？」「部屋作りをどうやって進めたらいい？」「どんな道具を使ったらいい？」といった壁にぶつかる方も多いようで、この僕の新事業には数百件ものお問い合わせをいただいています。今は都内近郊だけで行っていますが、いずれはこの事業を全国区に広げたいと考えています。

海外では賃貸の部屋でもリノベーションやリフォーム、ＤＩＹが可能で、内装を自由に楽しんでいる方が多いそうです。だからこそ住む人の個性や趣味嗜好が反映された、バラエティ豊かな部屋が誕生します。そうやって魅力的な部屋になればなるほど部屋自体の価値が上がり、次の入居者も見つけやすくなる、という好循環が生まれているといいます。

日本ではどうしても原状回復のルールが壁になっていて、賃貸だと壁にピンを刺すだけでも不安になってしまう方も、まだまだ多いようです。

しかし、賃貸でも部屋を変えたいというニーズが高まっていることを考えると、ＤＩＹがＯＫという物件があれば喜ばれるのではないか。物件が古いなどの理由で入居者が集まらなくて困っている大家さん側にもメリットがあるのではないか。そう考えて、ＤＩＹが可能な物件を増やしていく事業も計画しています。いずれは最初からＤＩＹを前提としたマンションを建てる、そんな大きな夢も思い描いています。

そうやってＤＩＹのハードルを下げていくことで、日本のルールの壁をやぶりたい、個性的な部屋を増やしたい。そんな時代がこれから来ると信じています。

sora

Instagramで賃貸DIYとホテルライクな暮らしに
役立つ情報を発信。
北欧風×和風なジャパンディインテリアやホテル
ライクな部屋を実現する賃貸DIYが得意。
ホテルライクなフレグランスや家具をプロデュース
し、2025年に日本初の訪問DIY事業をスタート。

Instagram @_sora_28_

部屋《へや》は変《か》わる
小《ちい》さくても、賃貸《ちんたい》でも、ホテルライクな心地《ここち》よい暮《く》らし

2025 年3 月14 日　初版発行

著　sora《そら》
発行者　山下 直久
発行　株式会社KADOKAWA
〒102-8177　東京都千代田区富士見2-13-3
電話0570-002-301（ナビダイヤル）
印刷所　TOPPANクロレ株式会社
製本所　TOPPANクロレ株式会社

●お問い合わせ
https://www.kadokawa.co.jp/（「お問い合わせ」へお進みください）
※内容によっては、お答えできない場合があります。
※サポートは日本国内のみとさせていただきます。
※ Japanese text only
定価はカバーに表示してあります。

ISBN 978-4-04-607404-1 C0077